진짜 공신들만 아는
초등 연산법 문제서

기본편 2,3학년 | 곱셈과 나눗셈

진짜 공신들만 아는 초등 연산법 문제서

기본편 2,3학년 | 곱셈과 나눗셈

지은이 이정
발행인 조상현
기획 및 편집 제이군
디자인 Design IF & 이기숙
마케팅 이영재
펴낸곳 더디퍼런스

초판 1쇄 인쇄 2017년 8월 10일
초판 1쇄 발행 2017년 8월 20일

등록번호 제2015-000237호
주소 서울시 마포구 마포대로 127, 304호
문의 02-725-9988
팩스 02-6974-1237
이메일 thedibooks@naver.com
홈페이지 www.thedifference.co.kr

ISBN 979-11-6125-046-5   73410

독자 여러분의 소중한 원고를 기다리고 있으니 많은 투고 바랍니다.
이 책은 저작권법 및 특허법에 따라 보호받는 저작물이므로 무단 전재와 무단 복제를 금합니다.
파본이나 잘못 만들어진 책은 구입하신 서점에서 바꾸어 드립니다.
책값은 뒤표지에 있습니다.

진짜 공신들만 아는
초등 연산법 문제서

기본편 | 2,3학년 | 곱셈과 나눗셈

이정 지음

더 디퍼런스

머리말

우리 아이는 왜 수학 시험에서 100점을 못 맞을까?

수학에서 꼭 100점을 맞아야 할까요?
100점을 꼭 맞기보다는 수학에 대해 흥미를 가지고 전체적인 이해를 하는 것이 더 중요합니다. 하지만, 수학에 대해 재미를 느끼고 관심을 가지면서 전체적인 이해를 한 학생이 100점까지 맞는다면 학생에게 수학은 더욱 좋아하는 과목이 될 수 있을 것입니다.
그렇다면 왜 우리 아이는 100점을 못 맞을까요?
먼저, 연산의 개념 이해가 부족한 학생은 개념부터 바로 잡아야 합니다. 예로 받아올림이나 받아내림이 있는 문제를 어려워하는 경우에는 정확한 개념 이해를 위해 다양한 방법을 활용해야 합니다.
연산의 개념 이해가 충분한데 실수하는 학생은 실수를 줄이도록 해야 합니다. 실수를 줄이는 첫 번째 방법은 자신이 풀면서 반성적으로 생각할 수 있도록 해야 합니다. 자신이 풀고 있는 것이 정확한지를 중간중간 생각하면서 풀 수 있도록 해야 합니다. 공부를 좀 하는 학생들은 연산 문제를 쉽게 보고 대충 머릿속으로 생각해서 답을 내는 경우가 종종 있습니다. 풀이 과정을 반성할 수 있도록 자신이 푼 것을 체계적으로 쓰는 노력이 필요합니다.
두 번째 방법은 한 가지 방법만으로 풀지 말라는 것입니다. 우리는 연산의 실수를 줄이기 위해 검산을 많이 합니다. 이 때, 같은 방법보다는 다른 방법으로 풀어 답이 맞는지 확인하게 되면 실수를 줄일 수 있습니다.

이 책은 연산을 잘하는 학생들만을 위한 책이 아닙니다. 연산을 어려워하는 학생부터 연산을 잘하는 학생들 모두를 위한 책입니다. 연산을 어려워하는 학생들에게는 다양한 연산 방법을 알 수 있게 구성되어 있습니다. 그림으로 생각하거나 쉬운 연산을 이용해서 푸는 방법 등을 제시하고 있어 연산 개념을 정확하게 이해할 수 있게 하고 있습니다. 연산을 잘하는 학생은 자신이 알고 있는 방법은 간단히 넘어가고 자신이 몰랐던 새로운 방법에 대해 집중적으로 학습을 하여 같은 문제라도 다양한 방법으로 해결할 수 있는 능력을 기를 수 있습니다.

연산은 학년이 올라가면 쉬워지기도 합니다. 예로, 1학년 때 덧셈을 잘 못하던 학생이 3학년이 되면 1학년 덧셈을 보면 웃으면서 쉽다고 말할 수도 있습니다. 하지만, 3학년이 1학년 연산만 을 할 수는 없기 때문에 자기 학년에 맞는 연산을 얼마나 빨리 정확하게 이해하고 실수 없이 풀 수 있느냐는 매우 중요합니다. 연산 때문에 100점을 놓치지 않도록 이 책으로 열심히 공부하기 바랍니다.

이정으로부터

차례

곱셈

① (몇)×(몇) 계산하기 9
② (몇 십)×(몇) 계산하기 45
③ 올림이 없는 (몇십 몇)×(몇) 계산하기 53
④ 올림이 있는 (몇십 몇)×(몇) 계산하기 65
⑤ 규칙을 찾아서 계산하기 77
⑥ 곱셈식에서 ■의 값 구하기 100

나눗셈

❶ (몇)÷(몇) 계산하기 115

❷ (몇십 몇)÷(몇) 계산하기 125

❸ 규칙을 찾아서 계산하기 144

❹ 나눗셈식에서 ■의 값 구하기 158

곱셈

① (몇) × (몇) 계산하기
② (몇십) × (몇) 계산하기
③ 올림이 없는 (몇십 몇) × (몇) 계산하기
④ 올림이 있는 (몇십 몇) × (몇) 계산하기
⑤ 규칙을 찾아서 계산하기
⑥ 곱셈식에서 ■의 값 구하기

1 (몇)×(몇) 계산하기

 학습 목표

단계	학습 의도	구분	학습 주제	관련 교과
1단계	**Basic Exercise** (몇)×(몇)을 계산하는 여러 가지 방법을 배웁니다.	방법1	묶어 세기	
		방법2	덧셈식을 곱셈식으로 나타내기	
		방법3	덧셈식으로 계산하기	
		방법4	뛰어 세기로 계산하기	
		방법5	몇 배를 곱으로 나타내기	
		방법6	앞뒤를 바꾸어서 계산하기	
		방법7	곱셈구구표로 계산하기	
2단계	**One Problem Multi Solution** 1단계에서 배운 여러 가지 방법을 토대로 (몇)×(몇)의 여러 가지 유형을 계산합니다.	유형1	곱셈 알기	〈2-1〉 6.곱셈
		유형2	몇 배 알기	〈2-1〉 6.곱셈
		유형3	2의 단 곱셈구구	〈2-2〉 2.곱셈구구
		유형4	5의 단 곱셈구구	〈2-2〉 2.곱셈구구
		유형5	3의 단 곱셈구구	〈2-2〉 2.곱셈구구
		유형6	4의 단 곱셈구구	〈2-2〉 2.곱셈구구
		유형7	6의 단 곱셈구구	〈2-2〉 2.곱셈구구
		유형8	7의 단 곱셈구구	〈2-2〉 2.곱셈구구
		유형9	8의 단 곱셈구구	〈2-2〉 2.곱셈구구
		유형10	9의 단 곱셈구구	〈2-2〉 2.곱셈구구
		유형11	1의 단 곱셈구구	〈2-2〉 2.곱셈구구
		유형12	0이 있는 곱셈	〈2-2〉 2.곱셈구구
		유형13	곱셈구구표에서 규칙 찾기	〈2-2〉 2.곱셈구구
3단계	**Calculation Master** 앞에서 학습한 내용을 자유롭게 적용해 계산합니다.			

Basic Exercise

1. (몇) × (몇) 계산하기

Q1 그림을 ☐로 묶고, ☐ 안에 알맞은 수를 써넣으세요.

방법 ① 묶어 세기

①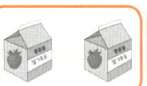

2 개씩 2 묶음
2 × 2 = 4

②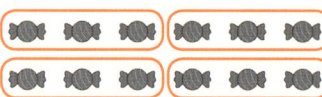

3 개씩 2 묶음
2 × 4 = 12

---

①

2 개씩 ☐ 묶음
2 × ☐ = ☐

바둑돌을 2개씩 묶고 곱셈식을 세워 봅니다.

③

3 개씩 ☐ 묶음
3 × ☐ = ☐

바둑돌을 3개씩 묶고 곱셈식을 세워 봅니다.

②

3 개씩 ☐ 묶음
3 × ☐ = ☐

사탕을 3개씩 묶고 곱셈식을 세워 봅니다.

④

5 개씩 ☐ 묶음
5 × ☐ = ☐

사탕을 5개씩 묶고 곱셈식을 세워 봅니다.

Q2 묶은 그림을 보고, ☐ 안에 알맞은 수를 써넣으세요.

방법 2 덧셈식을 곱셈식으로 나타내기

❶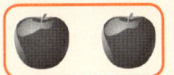

덧셈식 : 2 + 2 = 4
곱셈식 : 2 × 2 = 4

❷

덧셈식 : 4 + 4 + 4 = 12
곱셈식 : 4 × 3 = 12

---

❶

덧셈식 : 2 + ☐ + ☐ = ☐
곱셈식 : 2 × ☐ = ☐

> 2씩 3묶음은 2×3으로 나타낼 수 있습니다.

❸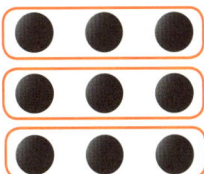

덧셈식 : 3 + ☐ + ☐ = ☐
곱셈식 : 3 × ☐ = ☐

> 3씩 3묶음은 3×3으로 나타낼 수 있습니다.

❷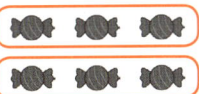

덧셈식 : 3 + ☐ = ☐
곱셈식 : 3 × ☐ = ☐

❹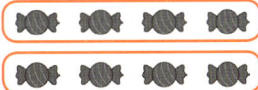

덧셈식 : 4 + ☐ = ☐
곱셈식 : 4 × ☐ = ☐

Q3 ☐ 안에 알맞은 수를 써넣으세요.

방법 ③ 덧셈식으로 계산하기

① $4 \times 2 = 4 + \boxed{4}$
    $= \boxed{8}$

② $2 \times 3 = 2 + 2 + \boxed{2}$
    $= \boxed{6}$

① $3 \times 3 = 3 + 3 + \boxed{}$
    $= \boxed{}$

3×3은 3을 3번 더한다는 뜻입니다.

④ $5 \times 2 = 5 + \boxed{}$
    $= \boxed{}$

5×2는 5를 2번 더한다는 뜻입니다.

② $2 \times 4 = 2 + 2 + 2 + \boxed{}$
    $= \boxed{}$

⑤ $6 \times 3 = 6 + 6 + \boxed{}$
    $= \boxed{}$

③ $4 \times 3 = 4 + 4 + \boxed{}$
    $= \boxed{}$

⑥ $7 \times 4 = 7 + 7 + 7 + \boxed{}$
    $= \boxed{}$

Q4 □ 안에 알맞은 수를 써넣으세요.

방법 ❹ 뛰어 세기로 계산하기

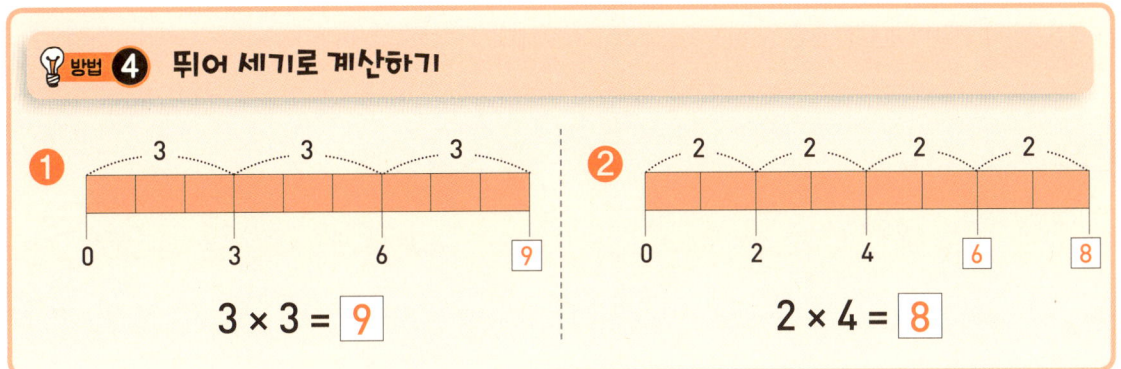

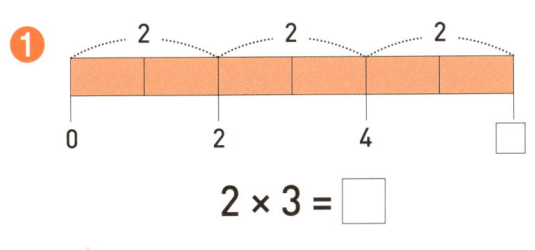

2씩 3번 뛰어 셉니다.

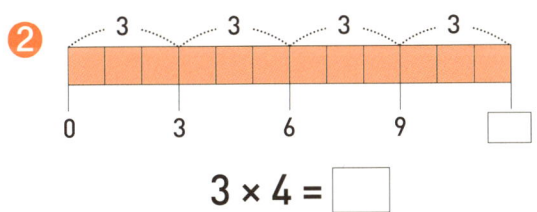

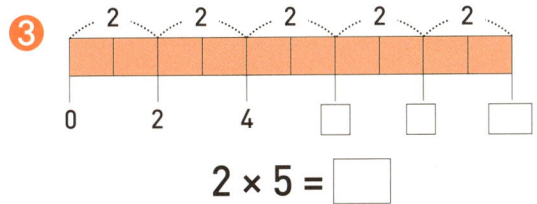

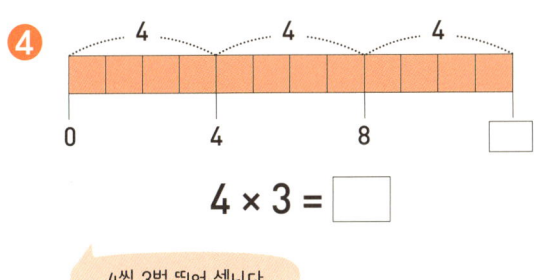

4씩 3번 뛰어 셉니다.

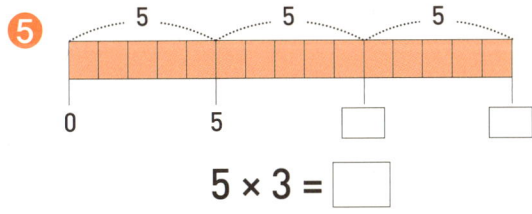

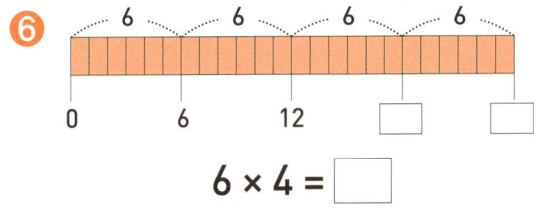

Q5 □ 안에 알맞은 수를 써넣으세요.

방법 5 몇 배를 곱으로 나타내기

❶ 2의 3배
$$2 \times \boxed{3} = \boxed{6}$$

❷ 3의 4배
$$3 \times \boxed{4} = \boxed{12}$$

❶ 2의 4배
$$2 \times \boxed{} = \boxed{}$$

2의 4배는 2를 4번 곱한 것입니다.

❹ 5의 2배
$$5 \times \boxed{} = \boxed{}$$

5의 2배는 5를 2번 곱한 것입니다.

❷ 4의 2배
$$4 \times \boxed{} = \boxed{}$$

❺ 6의 3배
$$6 \times \boxed{} = \boxed{}$$

❸ 4의 3배
$$4 \times \boxed{} = \boxed{}$$

❻ 7의 3배
$$7 \times \boxed{} = \boxed{}$$

Q6 ☐ 안에 알맞은 수를 써넣으세요.

방법 6 앞뒤를 바꾸어서 계산하기

❶ 4 × 2 = [2] × [4] = [8]   ❷ 3 × 2 = [2] × [3] = [6]

❶ 4 × 3 = ☐ × ☐ = ☐   ❹ 7 × 3 = ☐ × ☐ = ☐

> 두 수를 바꾸어 곱해도 결과는 달라지지 않습니다.

> 7×3과 3×7의 계산 결과는 같습니다.

❷ 5 × 3 = ☐ × ☐ = ☐   ❺ 4 × 8 = ☐ × ☐ = ☐

❸ 4 × 6 = ☐ × ☐ = ☐   ❻ 3 × 8 = ☐ × ☐ = ☐

Q7 빈칸에 알맞은 수를 써넣으세요.

방법 7 곱셈구구표로 계산하기

❶
×	2	3	4	5	6
2	4	6	8	10	12

❷
×	3
2	6
3	9
4	12
5	15
6	18

❶
×	5	6	7	8	9
3	15	18	21		

❷
×	2	3	4	5	6
5	10	15	20		

❸
×	6
3	18
4	24
5	
6	
7	

❹
×	7
3	21
4	28
5	
6	
7	

1. (몇) × (몇) 계산하기

2단계

One Problem Multi Solution

유형1 곱셈 알기

곱셈의 개념을 알고 덧셈식과 뛰어 세기, 곱셈구구표를 이용해 계산해 봅시다.

방법 3 덧셈식으로 계산하기

$2 × 6 = 2 + 2 + 2 + 2 + 2 + 2$
$ = 12$

방법 4 뛰어 세기로 계산하기

$2 × 6 = 12$

방법 7 곱셈구구표로 계산하기

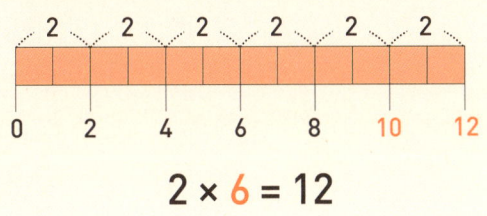

$2 × 6 = 12$

◎ 계산해 보세요.

1. 3 × 5

① $3 × 5 = 3 + 3 + 3 + 3 + 3$
$ = \square$

②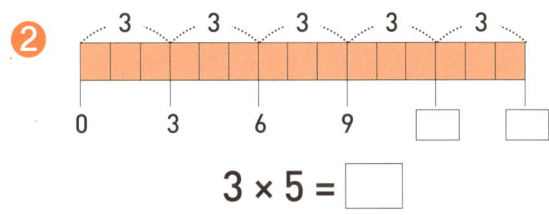

$3 × 5 = \square$

3씩 뛰어 세어 보세요.

③
×	1	2	3	4	5
3	3	6	9	12	

$3 × 5 = \square$

17

2. 4 × 6

❶ 4 × 6 = 4 + 4 + 4 + 4 + 4 + 4

     = ☐

❷

4 × 6 = ☐

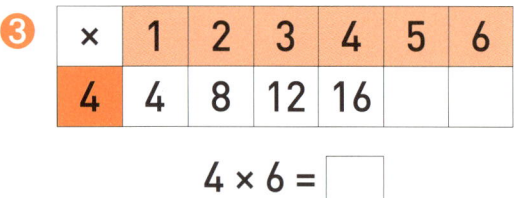

4 × 6 = ☐

3. 7 × 3

❶ 7 × 3 = 7 + 7 + 7

     = ☐

❷

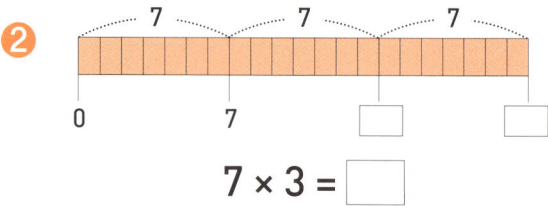

7 × 3 = ☐

❸

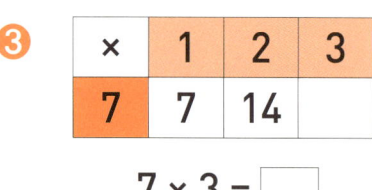

7 × 3 = ☐

2단계 ① (몇) × (몇) 계산하기 유형2

유형2 몇 배 알기

어떤 수의 몇 배를 다양한 방법으로 계산해 봅시다.

방법 3 덧셈식으로 계산하기

9 = 3 + 3 + 3

➡ 9는 3을 3번 더했으므로 3의 3배입니다.

방법 4 뛰어 세기로 계산하기

➡ 9는 3씩 3번 뛰어 세었기 때문에 3의 3배입니다.

방법 7 곱셈구구표로 계산하기

×	1	2	3
3	3	6	9

➡ 9는 3의 3배입니다.

◎ 계산해 보세요.

1. 12는 2의 몇 배

❶ 12 = 2 + 2 + 2 + 2 + ☐ + ☐

➡ 12는 2를 ☐번 더했으므로 2의 ☐배입니다.

❷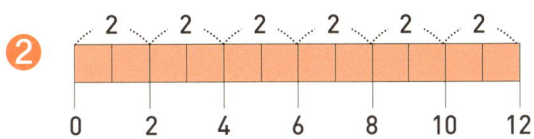

➡ 12는 2씩 ☐번 뛰어 세었기 때문에 2의 ☐배입니다.

❸
×	1	2	3	4	☐	☐
2	2	4	6	8		

➡ 12는 2의 ☐배입니다.

2. 12는 3의 몇 배

❶ 12 = 3 + 3 + ☐ + ☐

➡ 12는 3을 ☐번 더했으므로 3의 ☐배입니다.

❷

➡ 12는 3을 ☐번 뛰어 세었기 때문에 3의 ☐배입니다.

❸
×	1	2	3	☐
3	3	6		

➡ 12는 3의 ☐배입니다.

3. 16은 4의 몇 배

❶ 16 = 4 + 4 + ☐ + ☐

➡ 16은 4를 ☐번 더했으므로 4의 ☐배입니다.

❷

➡ 16은 4를 ☐번 뛰어 세었기 때문에 4의 ☐배입니다.

❸
×	1	2	3	☐
4	4	8		

➡ 16은 4의 ☐배입니다.

2단계 ❶ (몇) × (몇) 계산하기 유형3

유형3 2의 단 곱셈구구

2의 단 곱셈구구를 익히고, 여러 가지 방법으로 계산해 봅시다.

방법 ❸ 덧셈식으로 계산하기

2 × 3 = 2 + 2 + 2 = 6

방법 ❹ 뛰어 세기로 계산하기

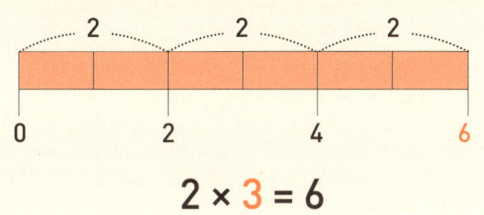

2 × 3 = 6

방법 ❼ 곱셈구구표로 계산하기

×	1	2	3
2	2	4	6

2 × 3 = 6

◎ 계산해 보세요.

1. 2 × 4

❶ 2 × 4 = 2 + 2 + 2 + 2
    = ☐

❷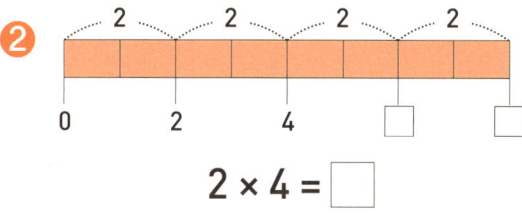

2 × 4 = ☐

❸
×	1	2	3	4
2	2	4	6	☐

2 × 4 = ☐

2. 2 × 7

❶ 2×7 = 2+2+2+2+2+2+2

= ☐

❷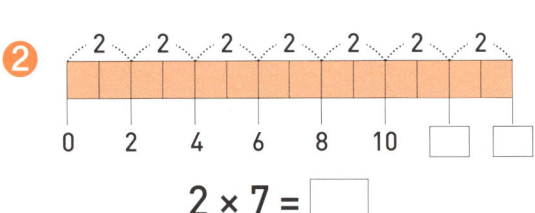

2 × 7 = ☐

❸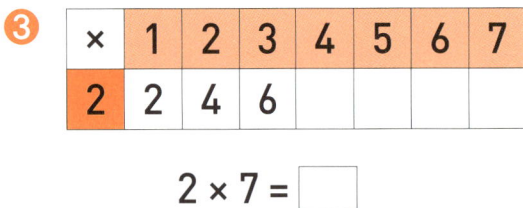

2 × 7 = ☐

3. 2 × 9

❶ 2×9 = 2+2+2+2+2+2+2+2+2

= ☐

❷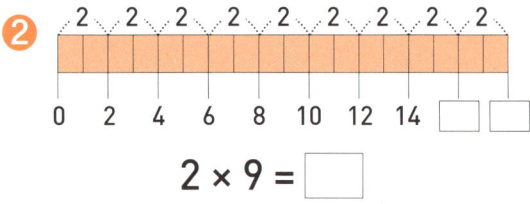

2 × 9 = ☐

❸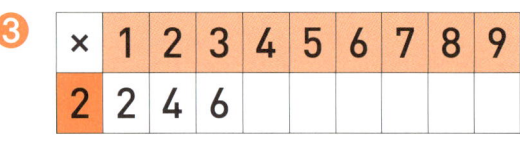

2 × 9 = ☐

2단계 ❶ (몇) × (몇) 계산하기 유형4

유형4 5의 단 곱셈구구

5의 단 곱셈구구를 익히고, 여러 가지 방법으로 계산해 봅시다.

방법 ❸ 덧셈식으로 계산하기

5 × 3 = 5 + 5 + 5 = 15

방법 ❹ 뛰어 세기로 계산하기

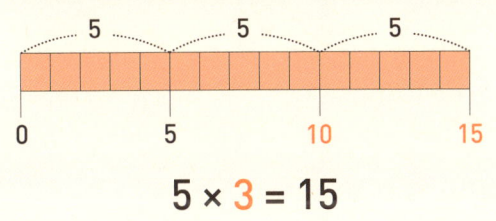

5 × 3 = 15

방법 ❼ 곱셈구구표로 계산하기

×	1	2	3
5	5	10	15

5 × 3 = 15

◎ 계산해 보세요.

1. 5 × 5

❶ 5 × 5 = 5 + 5 + 5 + 5 + 5
= ☐

❷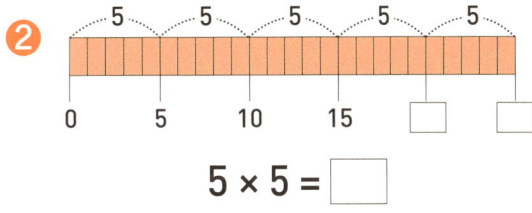

5 × 5 = ☐

❸
×	1	2	3	4	5
5	5	10	15		

5 × 5 = ☐

2. 5 × 6

❶ 5×6=5+5+5+5+5+5

  = ☐

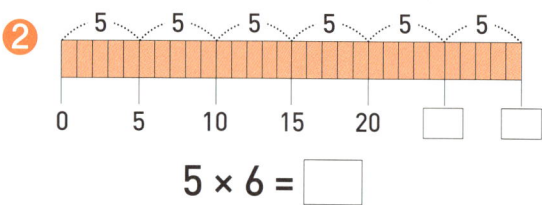

5 × 6 = ☐

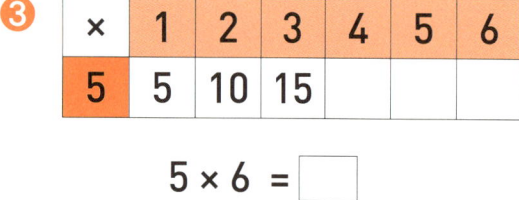

5 × 6 = ☐

3. 5 × 8

❶ 5×8=5+5+5+5+5+5+5+5

  = ☐

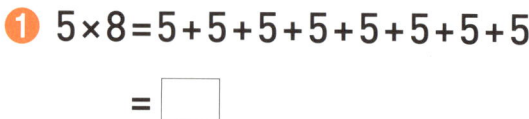

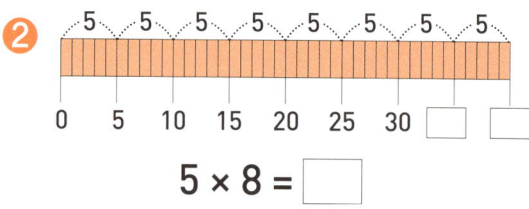

5 × 8 = ☐

5 × 8 = ☐

2단계

① (몇) × (몇) 계산하기 유형5

유형5 3의 단 곱셈구구

3의 단 곱셈구구를 익히고, 여러 가지 방법으로 계산해 봅시다.

방법 ③ 덧셈식으로 계산하기

3 × 4 = 3 + 3 + 3 + 3 = 12

방법 ④ 뛰어 세기로 계산하기

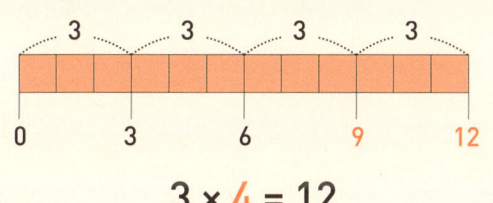

3 × 4 = 12

방법 ⑦ 곱셈구구표로 계산하기

×	1	2	3	4
3	3	6	9	12

3 × 4 = 12

◎ 계산해 보세요.

1. 3 × 5

❶ 3 × 5 = 3 + 3 + 3 + 3 + 3
   = ☐

❷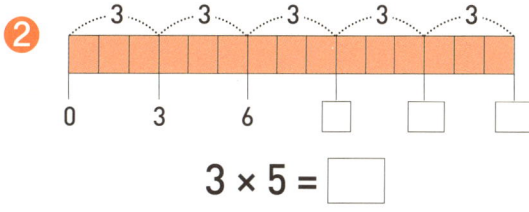

3 × 5 = ☐

❸

×	1	2	3	4	5
3	3	6	9		

3 × 5 = ☐

2. 3 × 6

❶ 3 × 6 = 3 + 3 + 3 + 3 + 3 + 3

= ☐

❷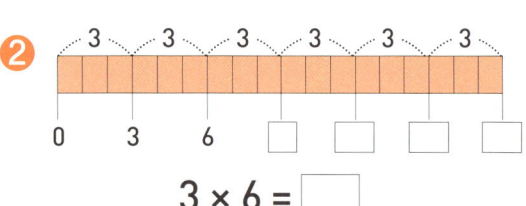

3 × 6 = ☐

❸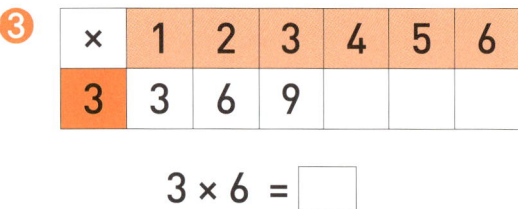

3 × 6 = ☐

3. 3 × 7

❶ 3 × 7 = 3 + 3 + 3 + 3 + 3 + 3 + 3

= ☐

❷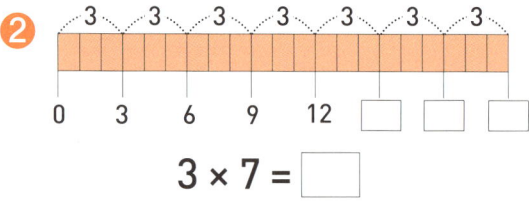

3 × 7 = ☐

❸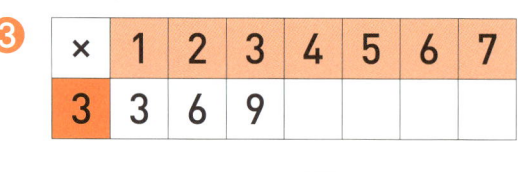

3 × 7 = ☐

2단계

① (몇) × (몇) 계산하기 유형6

유형6 4의 단 곱셈구구

4의 단 곱셈구구를 익히고, 여러 가지 방법으로 계산해 봅시다.

방법 ③ 덧셈식으로 계산하기

$4 \times 3 = 4 + 4 + 4 = 12$

방법 ④ 뛰어 세기로 계산하기

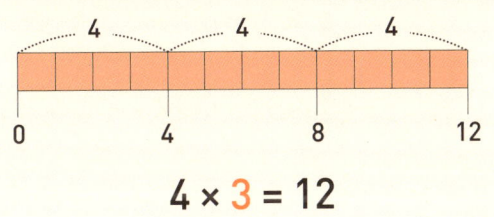

$4 \times 3 = 12$

방법 ⑦ 곱셈구구표로 계산하기

×	1	2	3
4	4	8	12

$4 \times 3 = 12$

◎ 계산해 보세요.

1. 4 × 2

❶ $4 \times 2 = 4 + 4$
$ = \square$

❷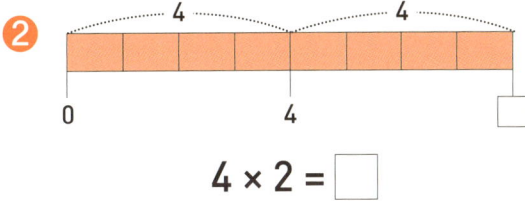

$4 \times 2 = \square$

❸

×	1	2
4	4	

$4 \times 2 = \square$

2. 4 × 5

❶ 4 × 5 = 4 + 4 + 4 + 4 + 4
   = ☐

❷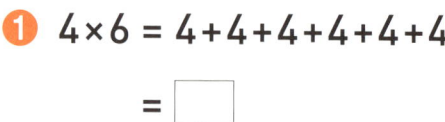

4 × 5 = ☐

❸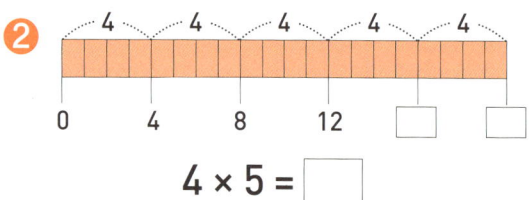

4 × 5 = ☐

3. 4 × 6

❶ 4 × 6 = 4 + 4 + 4 + 4 + 4 + 4
   = ☐

❷

4 × 6 = ☐

❸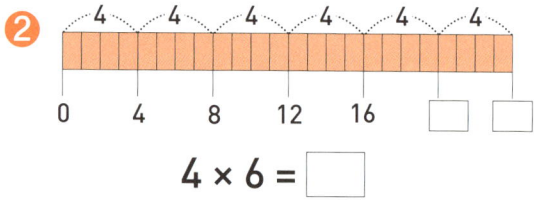

4 × 6 = ☐

2단계 ① (몇) × (몇) 계산하기 유형7

유형7 6의 단 곱셈구구

6의 단 곱셈구구를 익히고, 여러 가지 방법으로 계산해 봅시다.

방법 ③ 덧셈식으로 계산하기

6 × 2 = 6 + 6 = 12

방법 ④ 뛰어 세기로 계산하기

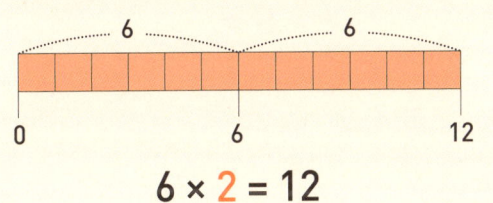

6 × 2 = 12

방법 ⑦ 곱셈구구표로 계산하기

×	1	2
6	6	12

6 × 2 = 12

◎ 계산해 보세요.

1. 6 × 3

❶ 6 × 3 = 6 + 6 + 6
= ☐

❷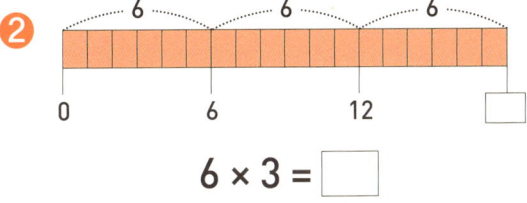

6 × 3 = ☐

❸
×	1	2	3
6	6	12	

6 × 3 = ☐

2. 6 × 7

❶ 6 × 7 = 6 + 6 + 6 + 6 + 6 + 6 + 6

   = ☐

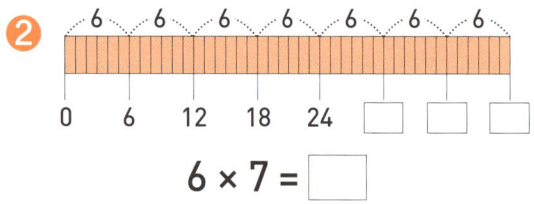

6 × 7 = ☐

❸
×	1	2	3	4	5	6	7
6	6	12	18				

6 × 7 = ☐

3. 6 × 8

❶ 6 × 8 = 6 + 6 + 6 + 6 + 6 +
         6 + 6 + 6

   = ☐

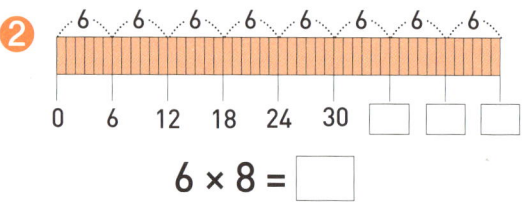

6 × 8 = ☐

❸
×	1	2	3	4	5	6	7	8
6	6	12	18					

6 × 8 = ☐

2단계

1 (몇) × (몇) 계산하기 유형8

유형8 7의 단 곱셈구구

7의 단 곱셈구구를 익히고, 여러 가지 방법으로 계산해 봅시다.

방법 ③ 덧셈식으로 계산하기

7 × 3 = 7 + 7 + 7 = 21

방법 ④ 뛰어 세기로 계산하기

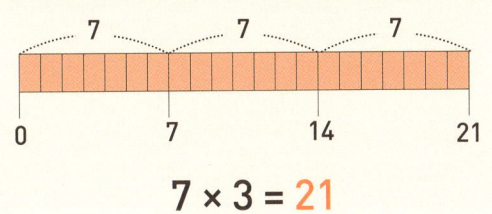

7 × 3 = 21

방법 ⑦ 곱셈구구표로 계산하기

×	1	2	3
7	7	14	21

7 × 3 = 21

◎ 계산해 보세요.

1. 7 × 5

❶ 7 × 5 = 7 + 7 + 7 + 7 + 7
    = ☐

❷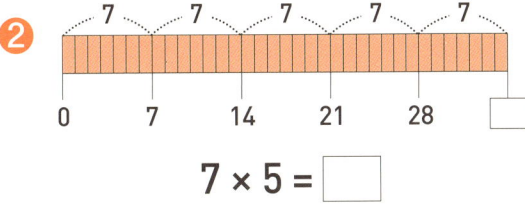

7 × 5 = ☐

❸
×	1	2	3	4	5
7	7	14	21		

7 × 5 = ☐

31

2. 7 × 6

❶ 7 × 6 = 7 + 7 + 7 + 7 + 7 + 7

= ☐

❷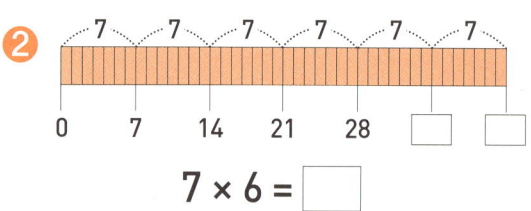

7 × 6 = ☐

❸

×	1	2	3	4	5	6
7	7	14	21			

7 × 6 = ☐

3. 7 × 7

❶ 7 × 7 = 7 + 7 + 7 + 7 + 7 + 7 + 7

= ☐

❷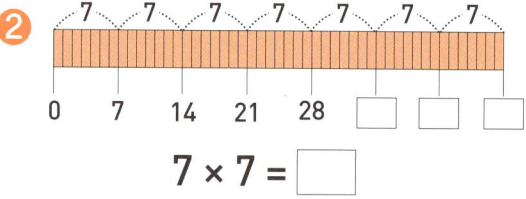

7 × 7 = ☐

❸

×	1	2	3	4	5	6	7
7	7	14	21				

7 × 7 = ☐

2단계 ① (몇) × (몇) 계산하기 유형9

 **8의 단 곱셈구구**

8의 단 곱셈구구를 익히고, 여러 가지 방법으로 계산해 봅시다.

방법 ③ 덧셈식으로 계산하기

8 × 2 = 8 + 8 = 16

방법 ④ 뛰어 세기로 계산하기

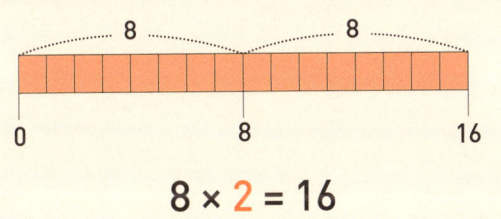

8 × 2 = 16

방법 ⑦ 곱셈구구표로 계산하기

×	1	2
8	8	16

8 × 2 = 16

◎ 계산해 보세요.

1. 8 × 3

❶ 8 × 3 = 8 + 8 + 8
= ☐

❷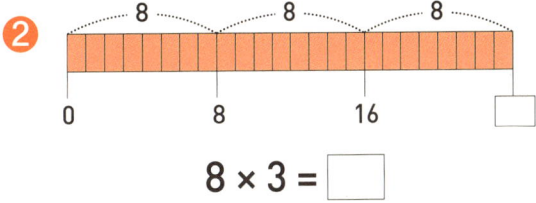

8 × 3 = ☐

❸
×	1	2	3
8	8	16	

8 × 3 = ☐

2. 8 × 4

❶ 8 × 4 = 8 + 8 + 8 + 8

     = ☐

❷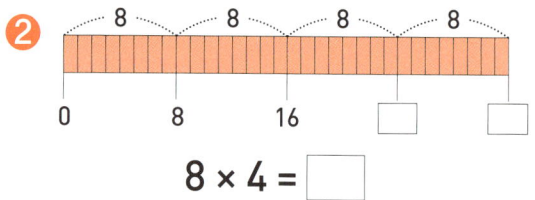

8 × 4 = ☐

❸
×	1	2	3	4
8	8	16	24	

8 × 4 = ☐

3. 8 × 8

❶ 8 × 8 = 8 + 8 + 8 + 8 + 8 + 8 + 8 + 8

     = ☐

❷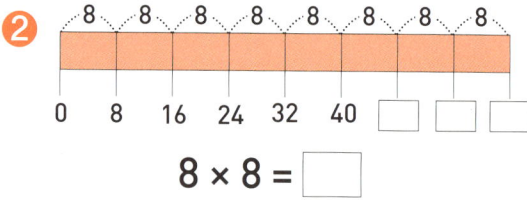

8 × 8 = ☐

❸
×	1	2	3	4	5	6	7	8
8	8	16	24					

8 × 8 = ☐

2단계 — 1 (몇) × (몇) 계산하기 유형10

유형10 9의 단 곱셈구구

9의 단 곱셈구구를 익히고, 여러 가지 방법으로 계산해 봅시다.

방법 ③ 덧셈식으로 계산하기

$9 \times 2 = 9 + 9 = 18$

방법 ④ 뛰어 세기로 계산하기

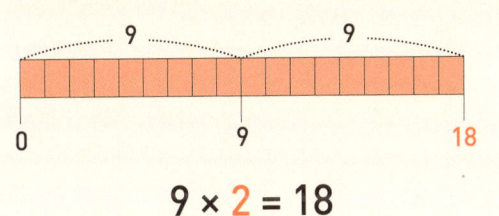

$9 \times 2 = 18$

방법 ⑦ 곱셈구구표로 계산하기

×	1	2
9	9	18

$9 \times 2 = 18$

◎ 계산해 보세요.

1. 9×3

❶ $9 \times 3 = 9 + 9 + 9$
       $= \boxed{}$

❷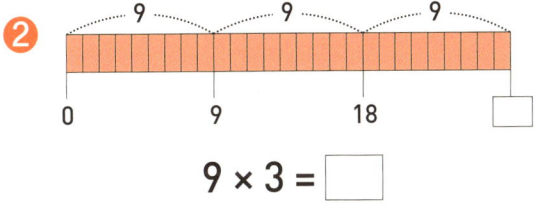

$9 \times 3 = \boxed{}$

❸
×	1	2	3
9	9	18	

$9 \times 3 = \boxed{}$

2. 9 × 5

❶ 9 × 5 = 9 + 9 + 9 + 9 + 9
= □

❷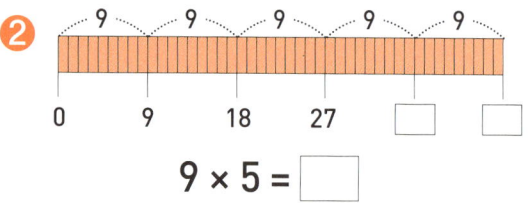

9 × 5 = □

❸

×	1	2	3	4	5
9	9	18	27		

9 × 5 = □

3. 9 × 7

❶ 9 × 7 = 9 + 9 + 9 + 9 + 9 + 9 + 9
= □

❷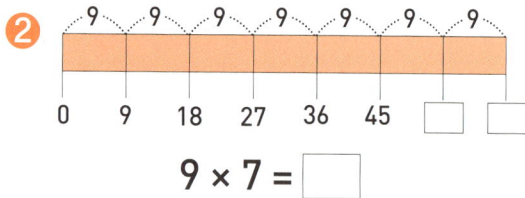

9 × 7 = □

❸

×	1	2	3	4	5	6	7
9	9	18	27				

9 × 7 = □

2단계

1 (몇) × (몇) 계산하기   유형11

유형11   1의 단 곱셈구구

1의 단 곱셈구구를 이해하고, 여러 가지 방법으로 계산해 봅시다.

방법 ③ 덧셈식으로 계산하기

1 × 3 = 1 + 1 + 1 = 3

방법 ④ 뛰어 세기로 계산하기

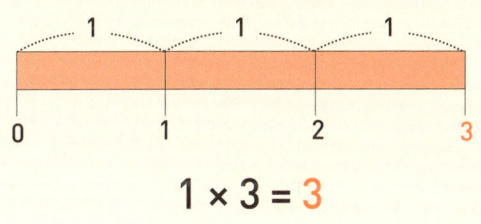

1 × 3 = 3

방법 ⑥ 앞뒤를 바꾸어서 계산하기

1 × 3 = 3 × 1 = 3

◎ 계산해 보세요.

1. 1 × 4

❶   1 × 4 = 1 + 1 + 1 + 1
         = ☐

❷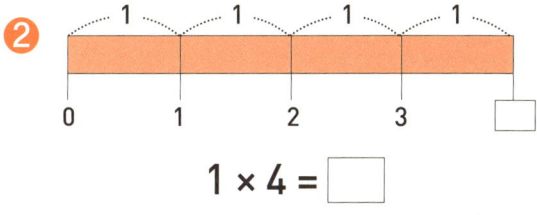

1 × 4 = ☐

❸   1 × 4 = ☐ × 1 = ☐

2. 1 × 6

❶ 1 × 6 = 1 + 1 + 1 + 1 + 1 + 1

  = ☐

❷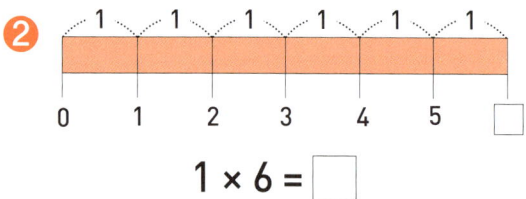

1 × 6 = ☐

❸ 1 × 6 = ☐ × 1 = ☐

3. 1 × 8

❶ 1 × 8 = 1 + 1 + 1 + 1 + 1 + 1 + 1 + 1

  = ☐

❷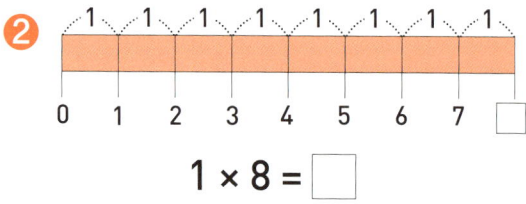

1 × 8 = ☐

❸ 1 × 8 = ☐ × 1 = ☐

2단계 ① (몇) × (몇) 계산하기 유형12

유형12 0이 있는 곱셈

0을 곱하는 곱셈을 이해하고, 여러 가지 방법으로 계산해 봅시다.

방법 ③ 덧셈식으로 계산하기

$0 × 2 = 0 + 0 = 0$

방법 ⑥ 앞뒤를 바꾸어서 계산하기

$0 × 2 = 2 × 0 = 0$

◎ 계산해 보세요.

1. $0 × 3$

❶ $0 × 3 = 0 + 0 + 0$
          $= \boxed{}$

❷ $0 × 3 = \boxed{} × 0 = \boxed{}$

2. 0 × 4

❶ 0 × 4 = 0 + 0 + 0 + 0

      = ☐

❷ 0 × 4 = ☐ × 0 = ☐

3. 0 × 7

❶ 0 × 7 = 0 + 0 + 0 + 0 + 0 +
      0 + 0

   = ☐

❷ 0 × 7 = ☐ × 0 = ☐

 **2단계** ① (몇) × (몇) 계산하기

곱셈구구표에서 규칙 찾기

곱셈구구표에서 규칙을 찾아 여러 가지 방법으로 계산해 봅시다.

방법 ④ 뛰어 세기로 계산하기

×	2	3	4
2	4	6	8
3		9	12
4		12	16

6 - 9 - 12

방법 ⑥ 앞뒤를 바꾸어서 계산하기

×	2	3	4
2	4	6	8
3		9	12
4		12	16

4 × 3 = 3 × 4 = 12

◎ ★에 들어갈 수를 구해 보세요.

1.

×	3	4	5
3	9	12	15
4		16	20
5	★		25

❶ 9 - ☐ - ☐

❷ 3 × 5 = 5 × 3 = ☐

2.

×	5	6	7	8
5	25	30	35	40
6	30	36	42	48
7				
8		★		

❶ 30 - 36 - ☐ - ☐

❷ 8 × 6 = 6 × 8 = ☐

3.

×	6	7	8	9
6	36	42		
7	42	49		★
8	48	56		
9	54	63		

❶ 42 - 49 - ☐ - ☐

❷ 7 × 9 = 9 × 7 = ☐

1 (몇) × (몇) 계산하기

Calculation Master

3단계

◎ 계산해 보세요.

① 2 × 4 = ☐

② 2 × 9 = ☐

③ 3 × 4 = ☐

④ 3 × 2 = ☐

⑤ 4 × 2 = ☐

⑥ 4 × 7 = ☐

⑦ 5 × 3 = ☐

⑧ 5 × 5 = ☐

⑨ 6 × 1 = ☐

⑩ 5 × 6 = ☐

⑪ 7 × 8 = ☐

⑫ 7 × 4 = ☐

3단계 ❶ (몇) × (몇) 계산하기

⑬ 8 × 8 = ☐

⑭ 8 × 2 = ☐

⑮ 9 × 3 = ☐

⑯ 9 × 5 = ☐

⑰ 1 × 4 = ☐

⑱ 9 × 1 = ☐

⑲ 0 × 9 = ☐

⑳ 5 × 0 = ☐

㉑
×	4	5	6
7	28	35	42
8		40	
9	36	45	★

★ = ☐

㉒
×	7	8	9
2	14	16	18
3			27
4	★	32	36

★ = ☐

2 (몇십) × (몇) 계산하기

 **학습 목표**

단계	학습 의도	구분	학습 주제	관련 교과
1단계	**Basic Exercise** (몇십)×(몇)을 계산하는 여러 가지 방법을 배웁니다.	방법1	덧셈으로 계산하기	
		방법2	(몇)×(몇)으로 계산하기	
		방법3	세로셈으로 계산하기	
2단계	**One Problem Multi Solution** 1단계에서 배운 여러 가지 방법을 토대로 (몇십)×(몇)의 여러 가지 유형을 계산합니다.	유형1	(몇십)×(몇)의 계산	〈3-1〉 4.곱셈
3단계	**Calculation Master** 앞에서 학습한 내용을 자유롭게 적용해 계산합니다.			

Basic Exercise

2. (몇십) × (몇) 계산하기 — 1단계

Q1 □ 안에 알맞은 수를 써넣으세요.

방법 ① 덧셈으로 계산하기

① 30 × 2
= 30 + 30
= 60

② 40 × 2
= 40 + 40
= 80

① 20 × 3
= □ + □ + □
= □

④ 30 × 3
= □ + □ + □
= □

② 10 × 4
= □ + □ + □ + □
= □

⑤ 60 × 2
= □ + □
= □

③ 20 × 4
= □ + □ + □ + □
= □

⑥ 70 × 3
= □ + □ + □
= □

Q2 ☐ 안에 알맞은 수를 써넣으세요.

방법 2 (몇) × (몇)으로 계산하기

❶ 3 × 2 = 6
30 × 2 = 60

❷ 7 × 2 = 14
70 × 2 = 140

❶ 8 × 3 = ☐
80 × 3 = ☐

8×3을 계산한 다음 0을 붙입니다.

❷ 3 × 5 = ☐
30 × 5 = ☐

❸ 4 × 6 = ☐
40 × 6 = ☐

❹ 5 × 6 = ☐
50 × 6 = ☐

❺ 7 × 4 = ☐
70 × 4 = ☐

❻ 9 × 3 = ☐
90 × 3 = ☐

Q3 ☐ 안에 알맞은 수를 써넣으세요.

방법 ❸ 세로셈으로 계산하기

❶
```
    3 0
  ×   3
  ─────
      [0]
    [9]
  ─────
    9 0
```

❷
```
    4 0
  ×   3
  ─────
      [0]
  [1][2]
  ─────
  1 2 0
```

❶
```
    2 0
  ×   4
  ─────
      ☐
    ☐
  ─────
    ☐ ☐
```

❹
```
    4 0
  ×   6
  ─────
      ☐
    ☐ ☐
  ─────
    ☐ ☐ ☐
```

❷
```
    3 0
  ×   6
  ─────
      ☐
    ☐ ☐
  ─────
    ☐ ☐ ☐
```

❺
```
    5 0
  ×   7
  ─────
      ☐
    ☐ ☐
  ─────
    ☐ ☐ ☐
```

❸
```
    6 0
  ×   2
  ─────
      ☐
    ☐ ☐
  ─────
    ☐ ☐ ☐
```

❻
```
    7 0
  ×   8
  ─────
      ☐
    ☐ ☐
  ─────
    ☐ ☐ ☐
```

2 (몇십) × (몇) 계산하기

2단계

유형1 (몇십)×(몇)의 계산

(몇십) × (몇)을 여러 가지 방법으로 계산해 봅시다.

 방법 ① 덧셈으로 계산하기

$$20 \times 3$$
$$= 20 + 20 + 20$$
$$= 60$$

방법 ② (몇) × (몇)으로 계산하기

$$2 \times 3 = 6$$
$$20 \times 3 = 60$$

방법 ③ 세로셈으로 계산하기

```
    2 0
 ×    3
 ─────
      0
    6
 ─────
    6 0
```

◎ 계산해 보세요.

1. 80 × 4

❶ 80 × 4
= □ + □ + □ + □
= □

❷ 8 × 4 = □
  80 × 4 = □

❸
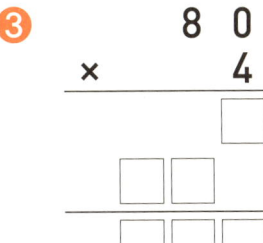

2. 90 × 5

❶ 90 × 5

= ☐ + ☐ + ☐ + ☐ + ☐

= ☐

❷ 9 × 5 = ☐

90 × 5 = ☐

❸
```
      9 0
  ×     5
  ─────────
        ☐
      ☐ ☐
  ─────────
    ☐ ☐ ☐
```

3. 70 × 6

❶ 70 × 6

= ☐ + ☐ + ☐ + ☐

  + ☐ + ☐

= ☐

❷ 7 × 6 = ☐

70 × 6 = ☐

❸
```
      7 0
  ×     6
  ─────────
        ☐
      ☐ ☐
  ─────────
    ☐ ☐ ☐
```

2 (몇십) × (몇) 계산하기

◎ 계산해 보세요.

❶ 30 × 5 =

❷ 20 × 5 =

❸ 70 × 1 =

❹ 40 × 3 =

❺ 50 × 3 =

❻ 60 × 2 =

❼ 90 × 3 =

❽ 30 × 7 =

❾ 40 × 6 =

❿ 60 × 4 =

⓫ 80 × 2 =

⓬ 30 × 7 =

3단계 ❷ (몇십) × (몇) 계산하기

⑬ 60 × 5 = ☐

⑭ 80 × 9 = ☐

⑮ 20 × 8 = ☐

⑯ 50 × 7 = ☐

⑰ 70 × 9 = ☐

⑱ 80 × 5 = ☐

⑲ 10 × 8 = ☐

⑳ 50 × 3 = ☐

㉑ 60 × 9 = ☐

㉒ 70 × 8 = ☐

㉓ 90 × 3 = ☐

㉔ 70 × 5 = ☐

3 올림이 없는 (몇십 몇) × (몇) 계산하기

 **학습 목표**

단계	학습 의도	구분	학습 주제	관련 교과
1단계	**Basic Exercise** 올림이 없는 (몇십 몇) × (몇)을 계산하는 여러 가지 방법을 배웁니다.	방법1	덧셈으로 계산하기	
		방법2	십의 자리부터 세로셈하기	
		방법3	일의 자리부터 세로셈하기	
		방법4	격자 곱셈법으로 계산하기	
		방법5	선 긋기 방법으로 계산하기	
2단계	**One Problem Multi Solution** 1단계에서 배운 여러 가지 방법을 토대로 올림이 없는 (몇십 몇)×(몇)의 여러 가지 유형을 살펴봅니다.	유형1	(몇십)×(몇)의 계산(1)	〈3-1〉 4.곱셈
			(몇십)×(몇)의 계산(2)	
3단계	**Calculation Master** 앞에서 학습한 내용을 자유롭게 적용해 계산합니다.			

Basic Exercise

3 올림이 없는 (몇십 몇) × (몇) 계산하기

 1 단계

Q1 □ 안에 알맞은 수를 써넣으세요.

> 방법 1 덧셈으로 계산하기

❶ 12 × 2
= 12 + 12
= 24

❷ 21 × 3
= 21 + 21 + 21
= 63

① 23 × 3
= □ + □ + □
= □

④ 32 × 3
= □ + □ + □
= □

② 14 × 2
= □ + □
= □

⑤ 43 × 2
= □ + □
= □

③ 13 × 3
= □ + □ + □
= □

⑥ 22 × 4
= □ + □ + □ + □
= □

Q2 ☐ 안에 알맞은 수를 써넣으세요.

방법 ❷ 십의 자리부터 세로셈하기

❶
```
    1 2
  ×   3
  ─────
  [3][0]
      6
  ─────
  [3][6]
```

❷
```
    2 1
  ×   4
  ─────
  [8][0]
      [4]
  ─────
  [8][4]
```

❶
```
    1 3
  ×   3
  ─────
  [ ][ ]
     [ ]
  ─────
  [ ][ ]
```

❹
```
    4 1
  ×   2
  ─────
  [ ][ ]
     [ ]
  ─────
  [ ][ ]
```

❷
```
    1 4
  ×   2
  ─────
  [ ][ ]
     [ ]
  ─────
  [ ][ ]
```

❺
```
    3 4
  ×   2
  ─────
  [ ][ ]
     [ ]
  ─────
  [ ][ ]
```

❸
```
    2 2
  ×   3
  ─────
  [ ][ ]
     [ ]
  ─────
  [ ][ ]
```

❻
```
    2 4
  ×   2
  ─────
  [ ][ ]
     [ ]
  ─────
  [ ][ ]
```

Q3 ☐ 안에 알맞은 수를 써넣으세요.

💡방법 ❸ 일의 자리부터 세로셈하기

❶   3 1
 ×   3
   9 3

❷   1 2
 ×   2
   2 4

❶   2 2
 ×   3
   ☐ ☐

❹   4 1
 ×   2
   ☐ ☐

❷   3 2
 ×   3
   ☐ ☐

❺   2 1
 ×   4
   ☐ ☐

❸   2 3
 ×   3
   ☐ ☐

❻   3 4
 ×   2
   ☐ ☐

Q4 빈칸에 알맞은 수를 써넣으세요.

방법 ④ 격자 곱셈법으로 계산하기

❶ 12 × 2 = 24

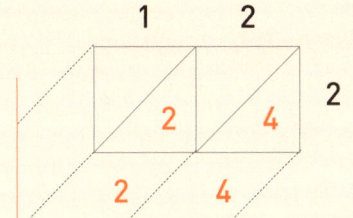

① 오른쪽 ◻ 에 2×2를 계산해 적는다.
② 왼쪽 ◻ 에 1×2를 계산해 적는다.
③ 대각선 방향끼리의 수를 더해 빈칸에 적는다.
   더할만한 수가 없으면 그대로 내려 쓴다.
④ 왼쪽에서부터 화살표 방향으로 읽으면 24,
   즉 12×2=24이다.

❶ 13 × 3 = ◻

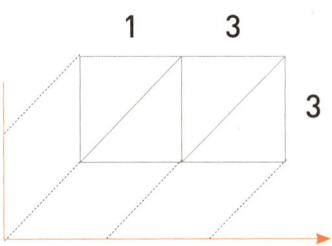

❸ 24 × 2 = ◻

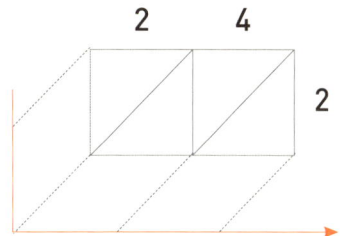

❷ 14 × 2 = ◻

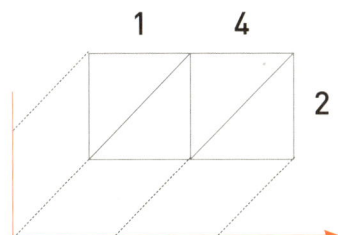

❹ 31 × 3 = ◻

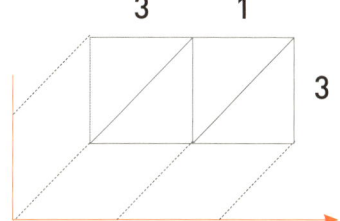

57

□ 안에 알맞은 수를 써넣으세요.

 선 긋기 방법으로 계산하기

❶ 12 × 3

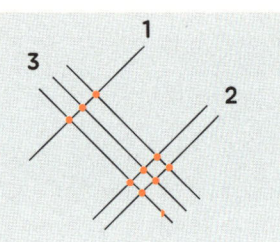

① 12에서 / 모양의 선을 각각 1개, 2개 긋는다.
② 3에서 \ 모양의 선을 3개 겹치게 긋는다.
③ 선이 겹치는 첫 번째 영역의 교차점이 십의 자리, 두 번째 영역의 교차점이 일의 자리이다.
  30 + 6 = 36

❶ 14 × 2

☐ + ☐ = ☐

❷ 22 × 3

☐ + ☐ = ☐

❸ 32 × 3

 ☐ + ☐ = ☐

❹ 42 × 2

 ☐ + ☐ = ☐

One Problem Multi Solution

3. 올림이 없는 (몇십 몇) × (몇) 계산하기

2단계

유형1 (몇십 몇) × (몇)의 계산(1)

올림이 없는 (몇십 몇) × (몇)을 여러 가지 방법으로 계산해 봅시다.

방법 ① 덧셈으로 계산하기

$$13 \times 3$$
$$= 13 + 13 + 13$$
$$= 39$$

방법 ② 십의 자리부터 세로셈하기

```
    1 3
  ×   3
  -----
    3 0
      9
  -----
    3 9
```

방법 ③ 일의 자리부터 세로셈하기

```
    1 3
  ×   3
  -----
    3 9
```

◎ 계산해 보세요.

1. 21 × 3

❶ 21 × 3
= ☐ + ☐ + ☐
= ☐

❷
```
    2 1
  ×   3
  -----
    ☐ ☐
      ☐
  -----
    ☐ ☐
```

❸
```
    2 1
  ×   3
  -----
    ☐ ☐
```

2. 32 × 3

❶ 32 × 3

= ☐ + ☐ + ☐

= ☐

❷
```
    3 2
  ×   3
  ─────
   ☐☐
    ☐
  ─────
   ☐☐
```

❸
```
    3 2
  ×   3
  ─────
   ☐☐
```

3. 42 × 2

❶ 42 × 2

= ☐ + ☐

= ☐

❷
```
    4 2
  ×   2
  ─────
   ☐☐
    ☐
  ─────
   ☐☐
```

❸
```
    4 2
  ×   2
  ─────
   ☐☐
```

 **2단계** ❸ 올림이 없는 (몇십 몇) × (몇) 계산하기 유형2

유형2 (몇십 몇)×(몇)의 계산(2)

올림이 없는 (몇십 몇) × (몇)을 여러 가지 방법으로 계산해 봅시다.

💡 **방법 ❹** 격자 곱셈법으로 계산하기

32 × 2

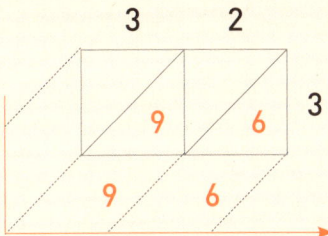

💡 **방법 ❺** 선 긋기 방법으로 계산하기

32 × 2

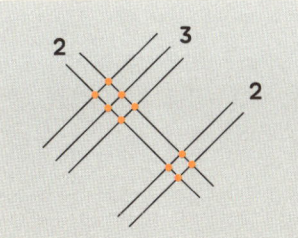

60 + 4 = 64

◎ 계산해 보세요.

1. 21 × 3

❶ 21 × 3

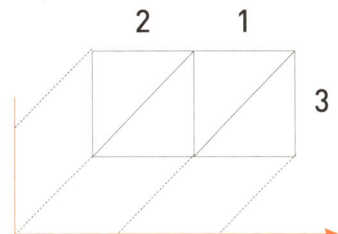

❷ 21 × 3

□ + □ = □

61

2. 12 × 4

❶ 12 × 4 = ☐

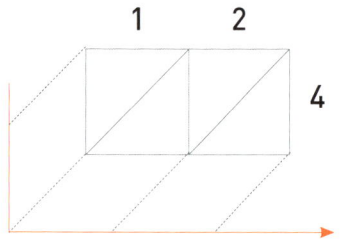

❷ 12 × 4

☐ + ☐ = ☐

3. 41 × 2

❶ 41 × 2 = ☐

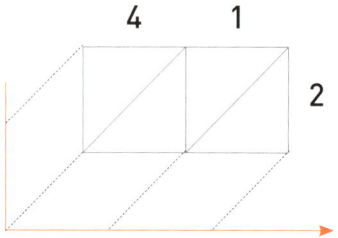

❷ 41 × 2

☐ + ☐ = ☐

3. 올림이 없는 (몇십 몇) × (몇) 계산하기

◎ 계산해 보세요.

❶ 11 × 5 =

❷ 12 × 3 =

❸ 13 × 2 =

❹ 12 × 4 =

❺ 19 × 1 =

❻ 12 × 2 =

❼ 13 × 3 =

❽ 18 × 1 =

❾ 14 × 2 =

❿ 21 × 4 =

⓫ 22 × 3 =

⓬ 24 × 2 =

3단계 ❸ 올림이 없는 (몇십 몇) × (몇) 계산하기

⑬ 23 × 2 = ☐

⑭ 21 × 3 = ☐

⑮ 22 × 4 = ☐

⑯ 23 × 3 = ☐

⑰ 31 × 2 = ☐

⑱ 33 × 3 = ☐

⑲ 32 × 3 = ☐

⑳ 31 × 3 = ☐

㉑ 41 × 2 = ☐

㉒ 33 × 2 = ☐

㉓ 32 × 2 = ☐

㉔ 42 × 2 = ☐

4 올림이 있는 (몇십 몇)×(몇) 계산하기

 학습 목표

단계	학습 의도	구분	학습 주제	관련 교과
1단계	**Basic Exercise** 올림이 있는 (몇십 몇)×(몇)을 계산하는 여러 가지 방법을 배웁니다.	방법1	덧셈으로 계산하기	〈3-1〉 4.곱셈
		방법2	십의 자리부터 세로셈하기	
		방법3	일의 자리부터 세로셈하기	
		방법4	격자 곱셈법으로 계산하기	
		방법5	선 긋기 방법으로 계산하기	
2단계	**One Problem Multi Solution** 1단계에서 배운 여러 가지 방법을 토대로 올림이 있는 (몇십 몇)×(몇)의 여러 가지 유형을 계산합니다.	유형1	(몇십 몇)×(몇)의 계산(1)	
			(몇십 몇)×(몇)의 계산(2)	
			(몇십 몇)×(몇)의 계산(3)	
3단계	**Calculation Master** 앞에서 학습한 내용을 자유롭게 적용해 계산합니다.			

Basic Exercise

4 올림이 있는 (몇십 몇) × (몇) 계산하기 — 1단계

Q1 ☐ 안에 알맞은 수를 써넣으세요.

> 💡 방법 ❶ 덧셈으로 계산하기

❶ 17 × 2
= 17 + 17
= 34

❷ 41 × 3
= 41 + 41 + 41
= 123

❶ 23 × 4
= ☐ + ☐ + ☐ + ☐
= ☐

❹ 32 × 4
= ☐ + ☐ + ☐ + ☐
= ☐

❷ 19 × 4
= ☐ + ☐ + ☐ + ☐
= ☐

❺ 43 × 4
= ☐ + ☐ + ☐ + ☐
= ☐

❸ 36 × 2
= ☐ + ☐
= ☐

❻ 57 × 3
= ☐ + ☐ + ☐
= ☐

Q2 ☐ 안에 알맞은 수를 써넣으세요.

방법 2 십의 자리부터 세로셈하기

❶
```
    1 3
  ×   8
  ─────
    8 0
    2 4
  ─────
  1 0 4
```

❷
```
    2 7
  ×   2
  ─────
    4 0
    1 4
  ─────
    5 4
```

❶
```
    1 6
  ×   5
  ─────
   ☐ ☐
   ☐ ☐
  ─────
   ☐ ☐
```

❷
```
    2 8
  ×   3
  ─────
   ☐ ☐
   ☐ ☐
  ─────
   ☐ ☐
```

❸
```
    3 4
  ×   3
  ─────
   ☐ ☐
   ☐ ☐
  ─────
   ☐ ☐ ☐
```

❹
```
    4 2
  ×   7
  ─────
   ☐ ☐ ☐
    ☐ ☐
  ─────
   ☐ ☐ ☐
```

❺
```
    5 4
  ×   5
  ─────
   ☐ ☐
   ☐ ☐
  ─────
   ☐ ☐ ☐
```

❻
```
    8 3
  ×   3
  ─────
   ☐ ☐ ☐
      ☐
  ─────
   ☐ ☐ ☐
```

Q3 □ 안에 알맞은 수를 써넣으세요.

방법 3 일의 자리부터 세로셈하기

❶ ³26 × 5 = 130

❷ ¹35 × 3 = 105

❶ 29 × 2 = □□

❷ 37 × 4 = □□□

❸ 44 × 3 = □□□

❹ 56 × 4 = □□□

❺ 62 × 8 = □□□

❻ 73 × 4 = □□□

Q4 빈칸에 알맞은 수를 써넣으세요.

방법 ④ 격자 곱셈법으로 계산하기

❶ 25 × 7 = 175

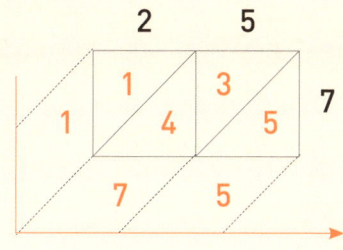

① 오른쪽 ◸ 에 5×7을 계산해 적는다.
② 왼쪽 ◸ 에 2×7을 계산해 적는다.
③ 대각선 방향끼리의 수를 더해 각각의 빈칸에 적는다. 왼쪽에서부터 화살표 방향으로 읽으면 175, 즉 25×7=175이다.

❶ 45 × 3 = ☐

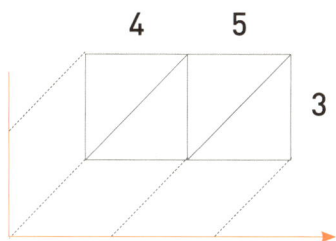

❸ 64 × 4 = ☐

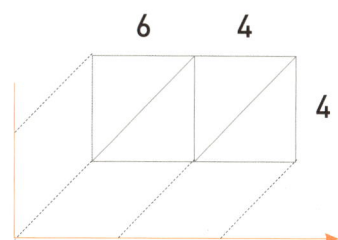

❷ 38 × 4 = ☐

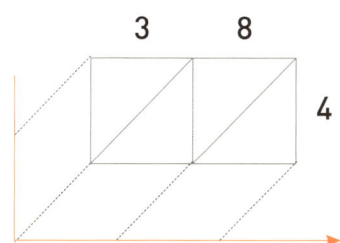

❹ 74 × 6 = ☐

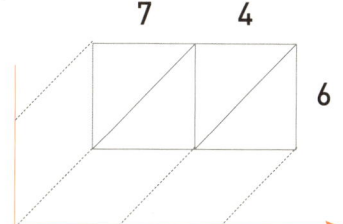

□ 안에 알맞은 수를 써넣으세요.

 선긋기 방법으로 계산하기

❶ 15 × 3

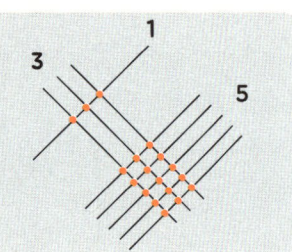

① 15이므로 /모양의 선을 각각 1개, 5개 긋는다.
② 3이므로 \모양의 선을 3개 겹치게 긋는다.
③ 선이 겹치는 첫 번째 영역의 교차점이 십의 자리, 두 번째 영역의 교차점이 일의 자리이다.

30 + 15 = 45

❶ 12 × 6

☐ + ☐ = ☐

❷ 23 × 4

☐ + ☐ = ☐

❸ 33 × 4

☐ + ☐ = ☐

❹ 42 × 3

☐ + ☐ = ☐

4. 올림이 있는 (몇십 몇) × (몇) 계산하기

One Problem Multi Solution — 2단계

유형1 (몇십 몇)×(몇)의 계산(1)

올림이 있는 (몇십 몇) × (몇)을 여러 가지 방법으로 계산해 봅시다.

방법 ① 덧셈으로 계산하기

39 × 4
= 39 + 39 + 39 + 39
= 156

방법 ② 십의 자리부터 세로셈하기

39 × 4

```
    3 9
  ×   4
  ─────
  1 2 0
    3 6
  ─────
  1 5 6
```

방법 ③ 일의 자리부터 세로셈하기

39 × 4

```
      3
    3 9
  ×   4
  ─────
  1 5 6
```

◎ 계산해 보세요.

1. 84 × 4

❶ 84 × 4
= ☐ + ☐ + ☐ + ☐
= ☐

❷
```
      8 4
  ×     4
  ───────
  ☐ ☐ ☐
    ☐ ☐
  ───────
  ☐ ☐ ☐
```

❸
```
    ☐
    8 4
  ×   4
  ─────
  ☐ ☐ ☐
```

2. 79 × 3

❶ 79 × 3

= ☐ + ☐ + ☐

= ☐

❷
```
      7 9
  ×     3
  ─────
   ☐ ☐ ☐
     ☐ ☐
  ─────
   ☐ ☐ ☐
```

❸
```
       ☐
      7 9
  ×     3
  ─────
     ☐ ☐ ☐
```

3. 98 × 2

❶ 98 × 2

= ☐ + ☐

= ☐

❷
```
      9 8
  ×     2
  ─────
   ☐ ☐ ☐
     ☐ ☐
  ─────
   ☐ ☐ ☐
```

❸
```
       ☐
      9 8
  ×     2
  ─────
     ☐ ☐ ☐
```

 **2단계** ④ 올림이 있는 (몇십 몇) × (몇) 계산하기

 (몇십 몇)×(몇)의 계산(2)

올림이 있는 (몇십 몇) × (몇)을 여러 가지 방법으로 계산해 봅시다.

방법 ③ 격자 곱셈법으로 계산하기

32 × 5 = 160

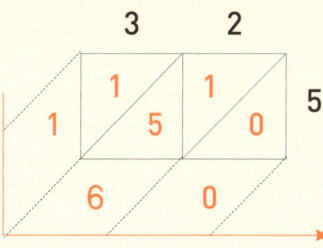

방법 ④ 선긋기 방법으로 계산하기

32 × 5

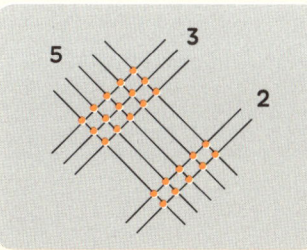

150 + 10 = 160

◎ 계산해 보세요.

1. 42 × 6

❶ 42 × 6 = ☐

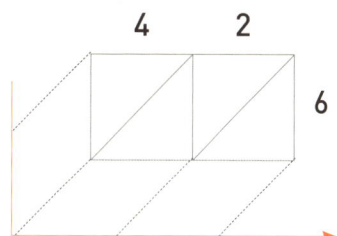

❷ 42 × 6

☐ + ☐ = ☐

73

2. 43 × 5

❶ 43 × 5 = ☐

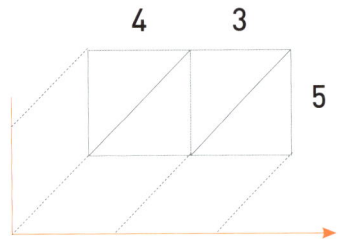

❷ 43 × 5

☐ + ☐ = ☐

3. 63 × 4

❶ 63 × 4 = ☐

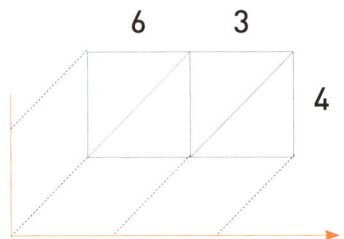

❷ 63 × 4

☐ + ☐ = ☐

4 올림이 있는 (몇십 몇) × (몇) 계산하기

◎ 계산해 보세요.

❶ 14 × 6 =

❷ 17 × 8 =

❸ 16 × 7 =

❹ 18 × 4 =

❺ 19 × 6 =

❻ 16 × 8 =

❼ 28 × 6 =

❽ 26 × 7 =

❾ 28 × 4 =

❿ 29 × 4 =

⓫ 27 × 5 =

⓬ 26 × 9 =

3단계

④ 올림이 있는 (몇십 몇) × (몇) 계산하기

⑬ 38 × 7 = ☐

⑭ 49 × 4 = ☐

⑮ 57 × 6 = ☐

⑯ 67 × 8 = ☐

⑰ 75 × 8 = ☐

⑱ 86 × 7 = ☐

⑲ 84 × 9 = ☐

⑳ 92 × 8 = ☐

㉑ 97 × 8 = ☐

㉒ 88 × 6 = ☐

㉓ 85 × 5 = ☐

㉔ 96 × 9 = ☐

5 규칙을 찾아서 계산하기

 학습 목표

단계	학습 의도	구분	학습 주제	관련 교과
1단계	**Basic Exercise** 규칙을 찾아서 계산하는 여러 가지 방법을 배웁니다.	방법1	손가락으로 9의 단 계산하기	
		방법2	손가락 곱셈법	
		방법3	뺄셈으로 계산하기	
		방법4	배의 개념 이용하여 검산하기 (9, 3 곱셈)	
		방법5	나눗셈으로 계산하기	
		방법6	이집트 곱셈 방법으로 계산하기	
2단계	**One Problem Multi Solution** 1단계에서 배운 여러 가지 방법을 토대로 규칙을 찾아서 계산하는 여러 가지 유형을 살펴봅니다.	유형1	9의 단 계산	〈2-2〉 2.곱셈구구
		유형2	6의 단 계산	〈2-2〉 2.곱셈구구
		유형3	7의 단 계산	〈2-2〉 2.곱셈구구
		유형4	8의 단 계산	〈2-2〉 2.곱셈구구
		유형5	3 곱하기	
		유형6	9 곱하기	
		유형7	5 곱하기	
3단계	**Calculation Master** 앞에서 학습한 내용을 자유롭게 적용해 계산합니다.			

Basic Exercise

5 규칙을 찾아서 계산하기

1단계

Q1 ☐ 안에 알맞은 수를 써넣으세요.

> 방법 ① 손가락으로 9의 단 계산하기

❶ 9 × 1

접은 손가락의 왼쪽 손가락 개수 : 0 (십의 자리)
접은 손가락의 오른쪽 손가락 개수 : 9 (일의 자리)
⇒ 9 × 1 = 9

❷ 9 × 2

접은 손가락의 왼쪽 손가락 개수 : 1 (십의 자리)
접은 손가락의 오른쪽 손가락 개수 : 8 (일의 자리)
⇒ 9 × 2 = 18

❶ 9 × 4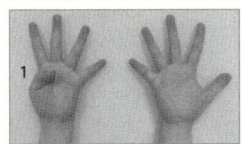

접은 손가락의 왼쪽 손가락 개수 : ☐ (십의 자리)
접은 손가락의 오른쪽 손가락 개수 : ☐ (일의 자리)
⇒ 9 × 4 = ☐

❸ 9 × 7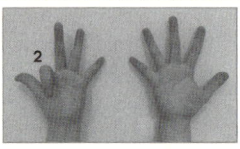

접은 손가락의 왼쪽 손가락 개수 : ☐ (십의 자리)
접은 손가락의 오른쪽 손가락 개수 : ☐ (일의 자리)
⇒ 9 × 7 = ☐

❷ 9 × 3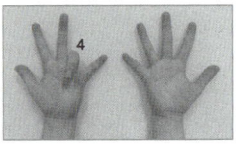

접은 손가락의 왼쪽 손가락 개수 : ☐ (십의 자리)
접은 손가락의 오른쪽 손가락 개수 : ☐ (일의 자리)
⇒ 9 × 3 = ☐

❹ 9 × 9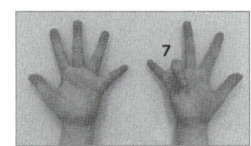

접은 손가락의 왼쪽 손가락 개수 : ☐ (십의 자리)
접은 손가락의 오른쪽 손가락 개수 : ☐ (일의 자리)
⇒ 9 × 9 = ☐

Q2 □ 안에 알맞은 수를 써넣으세요.

방법 2 손가락 곱셈법

❶ 6 × 8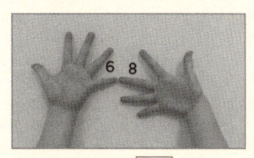

아래쪽 손가락의 개수(붙인 손가락 포함) : 4 (십의 자리)
위쪽 손가락의 개수의 곱 : 4 × 2 = 8 (일의 자리)
⇒ 40 + 8 = 48

❷ 6 × 7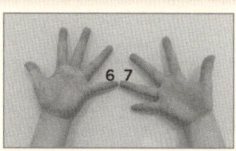

아래쪽 손가락의 개수(붙인 손가락 포함) : 3 (십의 자리)
위쪽 손가락의 개수의 곱 :
4 × 3 = 12 (일의 자리)
⇒ 30 + 12 = 42

---

❶ 7 × 8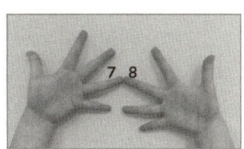

아래쪽 손가락의 개수(붙인 손가락 포함) : ☐ (십의 자리)
위쪽 손가락의 개수의 곱 : ☐ × ☐ = ☐ (일의 자리)
⇒ ☐ + ☐ = ☐

❸ 6 × 6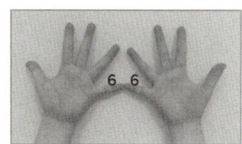

아래쪽 손가락의 개수(붙인 손가락 포함) : ☐ (십의 자리)
위쪽 손가락의 개수의 곱 : ☐ × ☐ = ☐ (일의 자리)
⇒ ☐ + ☐ = ☐

❷ 6 × 9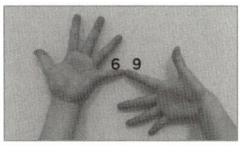

아래쪽 손가락의 개수(붙인 손가락 포함) : ☐ (십의 자리)
위쪽 손가락의 개수의 곱 : ☐ × ☐ = ☐ (일의 자리)
⇒ ☐ + ☐ = ☐

❹ 7 × 9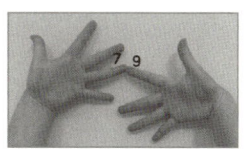

아래쪽 손가락의 개수 (붙인 손가락 포함) : ☐ (십의 자리)
위쪽 손가락의 개수의 곱 : ☐ × ☐ = ☐ (일의 자리)
⇒ ☐ + ☐ = ☐

Q3 ☐ 안에 알맞은 수를 써넣으세요.

방법 3 뺄셈으로 계산하기

❶ 8 × 9
= 8 × 10 - ☐8☐
= ☐80☐ - ☐8☐
= ☐72☐

❷ 12 × 9
= 12 × 10 - ☐12☐
= ☐120☐ - ☐12☐
= ☐108☐

❶ 4 × 9
= 4 × 10 - ☐
= ☐ - ☐
= ☐

❸ 17 × 9
= 17 × 10 - ☐
= ☐ - ☐
= ☐

❷ 7 × 9
= 7 × 10 - ☐
= ☐ - ☐
= ☐

❹ 24 × 9
= 24 × 10 - ☐
= ☐ - ☐
= ☐

Q4 □ 안에 알맞은 수를 써넣으세요.

방법 ❹ 배의 개념 이용하여 검산하기(9, 3 곱셈)

❶ 9 × 3 = 27

계산한 결과의 각 자리 숫자의 합 :
2 + 7 = 9

각 자리 수의 합이 9의 배수인지 확인 :
9 × 1 = 9

➡ 계산이 (맞습니다, 틀립니다.)

❷ 17 × 3 = 51

계산한 결과의 각 자리 숫자의 합 :
5 + 1 = 6

각 자리 수의 합이 3의 배수인지 확인 :
3 × 2 = 6

➡ 계산이 (맞습니다, 틀립니다.)

---

❶ 7 × 9 = □

계산한 결과의 각 자리 숫자의 합 :
□ + □ = □

각 자리 수의 합이 9의 배수인지 확인 :
9 × □ = □

➡ 계산이 (맞습니다, 틀립니다.)

❷ 8 × 9 = □

계산한 결과의 각 자리 숫자의 합 :
□ + □ = □

각 자리 수의 합이 9의 배수인지 확인 :
9 × □ = □

➡ 계산이 (맞습니다, 틀립니다.)

❸ 27 × 3 = □

계산한 결과의 각 자리 숫자의 합 :
□ + □ = □

각 자리 수의 합이 3의 배수인지 확인 :
3 × □ = □

➡ 계산이 (맞습니다, 틀립니다.)

❹ 32 × 3 = □

계산한 결과의 각 자리 숫자의 합 :
□ + □ = □

각 자리 수의 합이 3의 배수인지 확인 :
3 × □ = □

➡ 계산이 (맞습니다, 틀립니다.)

Q5 ☐ 안에 알맞은 수를 써넣으세요.

방법 5 나눗셈으로 계산하기

❶ 8 × 5
 = 8 × 10 ÷ [2]
 = [80] ÷ [2]
 = [40]

❷ 16 × 5
 = 16 × 10 ÷ [2]
 = [160] ÷ [2]
 = [80]

❶ 7 × 5
 = 7 × 10 ÷ ☐
 = ☐ ÷ ☐
 = ☐

❸ 24 × 5
 = 24 × 10 ÷ ☐
 = ☐ ÷ ☐
 = ☐

❷ 9 × 5
 = 9 × 10 ÷ ☐
 = ☐ ÷ ☐
 = ☐

❹ 38 × 5
 = 38 × 10 ÷ ☐
 = ☐ ÷ ☐
 = ☐

Q6 □ 안에 알맞은 수를 써넣으세요.

방법 6 이집트 곱셈 방법으로 계산하기

❶ 6 × 5

	6 × 5
	1	5
V	2	10
V	4	20

10 + 20 = 30

① 왼쪽에서 1, 2, 4, 8, …로 1에서부터 2씩 곱한 수를 써내려 간다. 더해서 6이 되는 수를 찾으면 멈추고 V로 표시한다. 2+4=6이므로 2와 4에 V표 한다.

② 오른쪽 곱하는 수 5에서 2씩 곱해 써내려 간다. 왼쪽에 V표한 곳까지 계산한다.

③ V표한 오른쪽 수를 모두 더하면 6×5의 답이 나온다. 10+20=30이므로 6×5=30이다.

❶ 7 × 8

7 × 8
1	8
2	□
4	□

□ + □ + □ = □

❷ 12 × 6

12 × 6
1	6
2	12
4	□
8	□

□ + □ = □

❸ 14 × 9

14 × 9
1	9
2	18
4	□
8	□

□ + □ + □ = □

❹ 13 × 8

13 × 8
1	8
2	16
4	□
8	□

□ + □ + □ = □

One Problem Multi Solution

5 규칙을 찾아서 계산하기

2단계

유형1 9의 단 계산

곱셈구구에서 9의 단을 여러 가지 방법으로 계산해 봅시다.

방법 ❶ 손가락으로 9의 단 계산하기

9 × 7

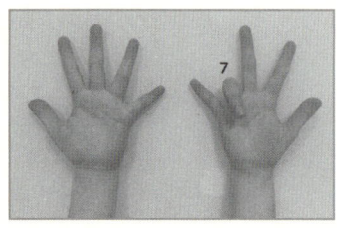

접은 손가락의 왼쪽 손가락 개수 : **6**(십의 자리)
접은 손가락의 오른쪽 손가락 개수 : **3**(일의 자리)
⇒ 9 × 7 = 63

방법 ❷ 손가락 곱셈법

9 × 7

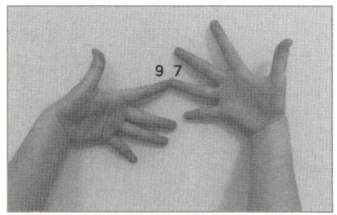

아래쪽 손가락의 개수(붙인 손가락 포함) : **6** (십의 자리)
위쪽 손가락의 개수의 곱 : **1** × **3** = **3** (일의 자리)
⇒ 60 + 3 = 63

◎ 계산해 보세요.

1. 9 × 6

❶ 9 × 6

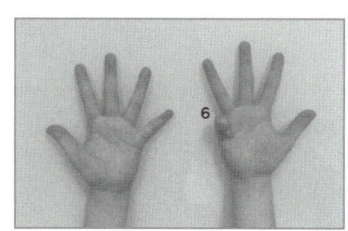

접은 손가락의 왼쪽 손가락 개수 : ☐(십의 자리)
접은 손가락의 오른쪽 손가락 개수 : ☐(일의 자리)
⇒ 9 × 6 = ☐

❷ 9 × 6

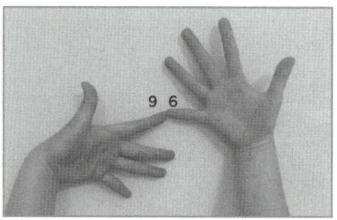

아래쪽 손가락의 개수(붙인 손가락 포함) : ☐(십의 자리)
위쪽 손가락의 개수의 곱 : ☐ × ☐ = ☐(일의 자리)
⇒ ☐ + ☐ = ☐

2. 9 × 8

❶ 9 × 8

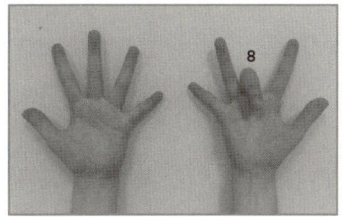

접은 손가락의 왼쪽 손가락 개수 : ☐(십의 자리)
접은 손가락의 오른쪽 손가락 개수 : ☐(일의 자리)

⇒ 9 × 8 = ☐

3. 9 × 9

❶ 9 × 9

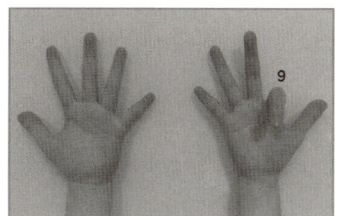

접은 손가락의 왼쪽 손가락 개수 : ☐(십의 자리)
접은 손가락의 오른쪽 손가락 개수 : ☐(일의 자리)

⇒ 9 × 9 = ☐

❷ 9 × 8

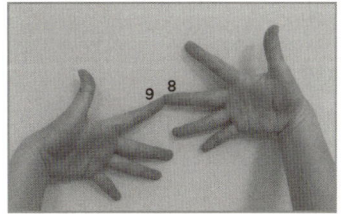

아래쪽 손가락의 개수(붙인 손가락 포함) : ☐(십의 자리)
위쪽 손가락의 개수의 곱 : ☐ × ☐ = ☐(일의 자리)

⇒ ☐ + ☐ = ☐

❷ 9 × 9

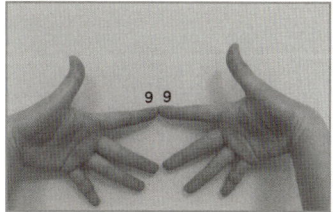

아래쪽 손가락의 개수(붙인 손가락 포함) : ☐(십의 자리)
위쪽 손가락의 개수의 곱 : ☐ × ☐ = ☐(일의 자리)

⇒ ☐ + ☐ = ☐

2단계

5 규칙을 찾아서 계산하기 유형2

유형2 6의 단 계산

곱셈구구에서 6의 단을 여러 가지 방법으로 계산해 봅시다.

방법 ② 손가락 곱셈법

6 × 6

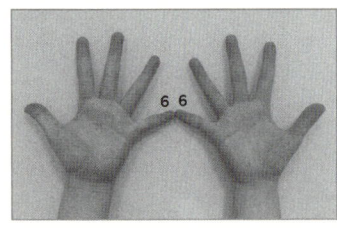

아래쪽 손가락의 개수(붙인 손가락 포함) : 2 (십의 자리)

위쪽 손가락의 개수의 곱 : 4 × 4 = 16 (일의 자리)

⇒ 20 + 16 = 36

방법 ⑥ 이집트 곱셈 방법으로 계산하기

6 × 6 = 36

	6 ×	6
	1	5
∨	2	12
∨	4	24

12 + 24 = 36

◎ 계산해 보세요.

1. 6 × 7

❶ 6 × 7

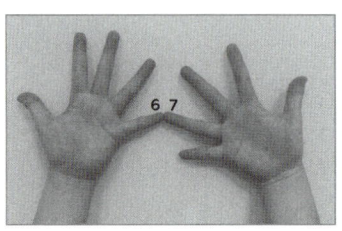

아래쪽 손가락의 개수(붙인 손가락 포함) : ☐ (십의 자리)

위쪽 손가락의 개수의 곱 : ☐ × ☐ = ☐ (일의 자리)

⇒ ☐ + ☐ = ☐

❷ 6 × 7

	6 ×	7
	1	7
	2	☐
	4	☐

☐ + ☐ = ☐

2. 6 × 8

❶ 6 × 8

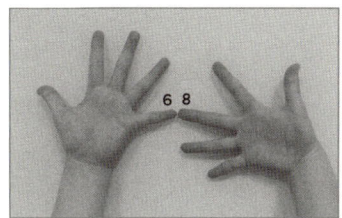

아래쪽 손가락의 개수(붙인 손가락 포함) : ☐ (십의 자리)

위쪽 손가락의 개수의 곱 : ☐ × ☐ = ☐ (일의 자리)

⇒ ☐ + ☐ = ☐

❷ 6 × 8

```
  6 × 8
  1   8
  2   ☐
  4   ☐
```
☐ + ☐ = ☐

3. 6 × 9

❶ 6 × 9

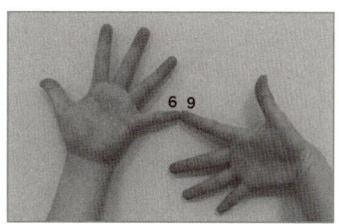

아래쪽 손가락의 개수(붙인 손가락 포함) : ☐ (십의 자리)

위쪽 손가락의 개수의 곱 : ☐ × ☐ = ☐ (일의 자리)

⇒ ☐ + ☐ = ☐

❷ 6 × 9

```
  6 × 9
  1   9
  2   ☐
  4   ☐
```
☐ + ☐ = ☐

2단계

5 규칙을 찾아서 계산하기

 **7의 단 계산**

곱셈구구에서 6의 단을 여러 가지 방법으로 계산해 봅시다.

방법 ❷ 손가락 곱셈법

7×7

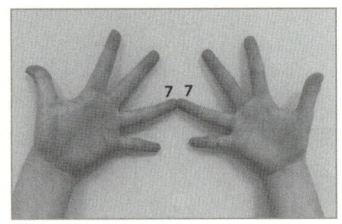

아래쪽 손가락의 개수(붙인 손가락 포함) : 4 (십의 자리)

위쪽 손가락의 개수의 곱 : 3 × 3 = 9 (일의 자리)

⇒ 40 + 9 = 49

방법 ❻ 이집트 곱셈 방법으로 계산하기

7 × 7 = 49

```
      7 × 7
   V  1    5
   V  2   14
   V  4   28
```
7 + 14 + 28 = 49

◎ 계산해 보세요.

1. 7 × 6

❶ 7 × 6

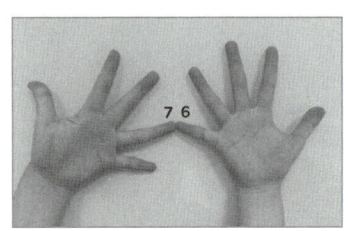

아래쪽 손가락의 개수(붙인 손가락 포함) : ☐ (십의 자리)

위쪽 손가락의 개수의 곱 : ☐ × ☐ = ☐ (일의 자리)

⇒ ☐ + ☐ = ☐

❷ 7 × 6

```
    7 × 6
    1   6
    2  ☐
    4  ☐
```
☐ + ☐ + ☐ = ☐

2. 7 × 8

❶ 7 × 8

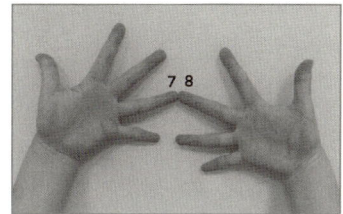

아래쪽 손가락의 개수(붙인 손가락 포함) : ☐ (십의 자리)

위쪽 손가락의 개수의 곱 : ☐ × ☐ = ☐ (일의 자리)

⇒ ☐ + ☐ = ☐

❷ 7 × 8

```
     7 × 8
     1   8
     2  ☐
     4  ☐
```
☐ + ☐ + ☐ = ☐

3. 7 × 9

❶ 7 × 9

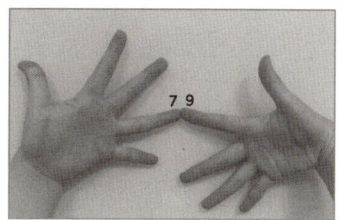

아래쪽 손가락의 개수(붙인 손가락 포함) : ☐ (십의 자리)

위쪽 손가락의 개수의 곱 : ☐ × ☐ = ☐ (일의 자리)

⇒ ☐ + ☐ = ☐

❷ 7 × 9

```
     7 × 9
     1   9
     2  ☐
     4  ☐
```
☐ + ☐ + ☐ = ☐

2단계

5 규칙을 찾아서 계산하기 유형4

유형4 8의 단 계산

곱셈구구에서 8의 단을 여러 가지 방법으로 계산해 봅시다.

방법 2 손가락 곱셈법

8×8

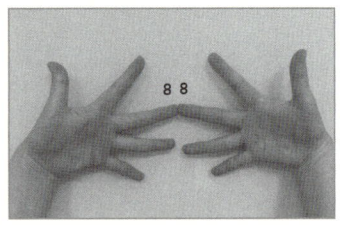

아래쪽 손가락의 개수(붙인 손가락 포함) : 6 (십의 자리)

위쪽 손가락의 개수의 곱 : $2 \times 2 = 4$ (일의 자리)

⇒ 60 + 4 = 64

방법 3 뺄셈으로 계산하기

8×8
$= 8 \times 10 - 8 - 8$
$= 80 - 8 - 8$
$= 72 - 8$
$= 64$

◎ 계산해 보세요.

1. 8×6

❶ 8×6

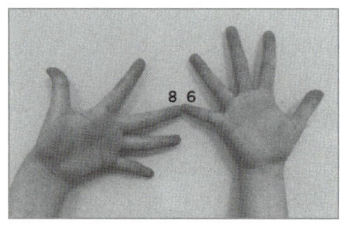

아래쪽 손가락의 개수(붙인 손가락 포함) : ☐ (십의 자리)

위쪽 손가락의 개수의 곱 : ☐ × ☐ = ☐ (일의 자리)

⇒ ☐ + ☐ = ☐

❷ $8 \times 6 = 6 \times 8$
$= 6 \times 10 - ☐ - ☐$
$= ☐ - ☐ - ☐$
$= ☐ - ☐$
$= ☐$

2. 8 × 7

❶ 8 × 7

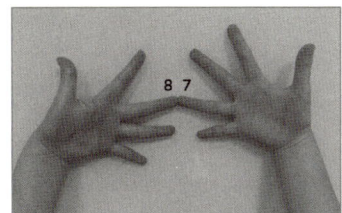

아래쪽 손가락의 개수(붙인 손가락 포함) : ☐ (십의 자리)

위쪽 손가락의 개수의 곱 : ☐ × ☐ = ☐ (일의 자리)

⇒ ☐ + ☐ = ☐

❷ 8 × 7 = 7 × 8
 = 7 × 10 - ☐ - ☐
 = ☐ - ☐ - ☐
 = ☐ - ☐
 = ☐

3. 8 × 9

❶ 8 × 9

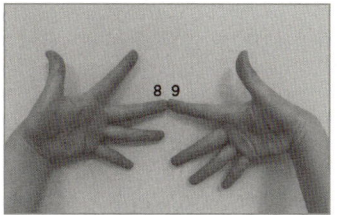

아래쪽 손가락의 개수(붙인 손가락 포함) : ☐ (십의 자리)

위쪽 손가락의 개수의 곱 : ☐ × ☐ = ☐ (일의 자리)

⇒ ☐ + ☐ = ☐

❷ 8 × 9 = 9 × 8
 = 9 × 10 - ☐ - ☐
 = ☐ - ☐ - ☐
 = ☐ - ☐
 = ☐

2단계 5 규칙을 찾아서 계산하기 유형5

 유형5 **3 곱하기**

곱셈이 바르게 계산되었는지 검산해 보고, 이집트 곱셈 방법을 익혀 봅시다.

방법 ④ 배의 개념 이용하여 검산하기

21 × 3 = 63

계산한 결과의 각 자리 숫자의 합 : 6 + 3 = 9

각 자리 수의 합이 3의 배수인지 확인: 3 × 3 = 9

➡ 계산이 (맞습니다.) 틀립니다.)

방법 ⑥ 이집트 곱셈 방법으로 계산하기

21 × 3 = 3 × 21

		3 × 21
V	1	21
V	2	42

21 + 42 = 63

◎ 계산해 보세요.

1. 26 × 3

❶ 26 × 3 = ☐

계산한 결과의 각 자리 숫자의 합 :
☐ + ☐ = ☐

각 자리 수의 합이 3의 배수인지 확인 :
3 × ☐ = ☐

➡ 계산이 (맞습니다, 틀립니다.)

❷ 26 × 3 = 3 × 26

	3 × 26
1	26
2	☐

☐ + ☐ = ☐

2. 34 × 3

❶ 34 × 3 = ☐

계산한 결과의 각 자리 숫자의 합 :

☐ + ☐ + ☐ = ☐

각 자리 수의 합이 3의 배수인지 확인 :

3 × ☐ = ☐

➡ 계산이 (맞습니다, 틀립니다.)

❷ 34 × 3 = 3 × 34

```
  3 × 34
 1   34
 2   ☐
─────────
☐ + ☐ = ☐
```

3. 48 × 3

❶ 48 × 3 = ☐

계산한 결과의 각 자리 숫자의 합 :

☐ + ☐ + ☐ = ☐

각 자리 수의 합이 3의 배수인지 확인 :

3 × ☐ = ☐

➡ 계산이 (맞습니다, 틀립니다.)

❷ 48 × 3 = 3 × 48

```
  3 × 48
 1   48
 2   ☐
─────────
☐ + ☐ = ☐
```

2단계 ⑤ 규칙을 찾아서 계산하기 유형6

유형6 9 곱하기

곱셈이 바르게 계산되었는지 검산하는 방법을 알아보고, 다양한 방법으로 곱셈을 계산해 봅시다.

방법 ④ 배의 개념 이용하여 검산하기

16 × 9 = 144

계산한 결과의 각 자리 수의 합 : 1+4+4 = 9

각 자리 수의 합이 9의 배수인지 확인 : 9×1 =9

➡ 계산이 (맞습니다.) 틀립니다.)

방법 ③ 뺄셈으로 계산하기

$$16 \times 9$$
$$= 16 \times 10 - 16$$
$$= 160 - 16$$
$$= 144$$

◎ 계산해 보세요.

1. 23 × 9

① 23 × 9 = ☐

계산한 결과의 각 자리 숫자의 합 :
☐ + ☐ + ☐ = ☐

각 자리 수의 합이 3의 배수인지 확인 :
9 × ☐ = ☐

➡ 계산이 (맞습니다, 틀립니다.)

② 23 × 9
= 23 × 10 - ☐
= ☐ - ☐
= ☐

2. 32 × 9

❶ 32 × 9 = ☐

계산한 결과의 각 자리 숫자의 합 :
☐ + ☐ + ☐ = ☐

각 자리 수의 합이 3의 배수인지 확인 :
9 × ☐ = ☐

➡ 계산이 (맞습니다, 틀립니다.)

❷ 32 × 9
= 32 × 10 - ☐
= ☐ - ☐
= ☐

3. 45 × 9

❶ 45 × 9 = ☐

계산한 결과의 각 자리 숫자의 합 :
☐ + ☐ + ☐ = ☐

각 자리 수의 합이 3의 배수인지 확인 :
9 × ☐ = ☐

➡ 계산이 (맞습니다, 틀립니다.)

❷ 45 × 9
= 45 × 10 - ☐
= ☐ - ☐
= ☐

2단계 ⑤ 규칙을 찾아서 계산하기 유형7

 **유형7 5 곱하기**

어떤 수에 5를 곱하는 여러 가지 방법을 알아봅시다.

방법 ⑤ 나눗셈으로 계산하기

  17 × 5
= 17 × 10 ÷ 2
= 170 ÷ 2
= 85

방법 ❸ 뺄셈으로 계산하기

17 × 5 = 5 × 17 = 85

5	×	17
∨ 1		17
2		34
∨ 4		68

17 + 68 = 85

◎ 계산해 보세요.

1. 23 × 5

❶   23 × 5
  = 23 × 10 ÷ 2
  = ☐ ÷ ☐
  = ☐

❷ 23 × 5 = 5 × 23

5	×	23
1		23
2		☐
4		☐

☐ + ☐ = ☐

2. 36 × 5

❶ 36 × 5
  = 36 × 10 ÷ 2
  = ☐ ÷ ☐
  = ☐

❷ 36 × 5 = 5 × 36

```
    5  × 36
   ┌──────────
  1│    36
  2│    ☐
  4│    ☐
```
☐ + ☐ = ☐

3. 42 × 5

❶ 42 × 5
  = 42 × 10 ÷ 2
  = ☐ ÷ ☐
  = ☐

❷ 42 × 5 = 5 × 42

```
    5  × 42
   ┌──────────
  1│    42
  2│    ☐
  4│    ☐
```
☐ + ☐ = ☐

5. 규칙을 찾아서 계산하기

◎ 계산해 보세요.

① 9 × 8 =

② 8 × 9 =

③ 9 × 6 =

④ 6 × 7 =

⑤ 8 × 7 =

⑥ 7 × 9 =

⑦ 16 × 3 =

⑧ 29 × 3 =

⑨ 62 × 3 =

⑩ 71 × 3 =

⑪ 83 × 3 =

⑫ 92 × 3 =

3단계 ❺ 규칙을 찾아서 계산하기

⑬ 18 × 9 = ☐

⑭ 26 × 9 = ☐

⑮ 34 × 9 = ☐

⑯ 67 × 9 = ☐

⑰ 75 × 9 = ☐

⑱ 86 × 9 = ☐

⑲ 16 × 5 = ☐

⑳ 28 × 5 = ☐

㉑ 33 × 5 = ☐

㉒ 45 × 5 = ☐

㉓ 64 × 5 = ☐

㉔ 76 × 5 = ☐

6 곱셈식에서 ■의 값 구하기

  학습 목표

단계	학습 의도	구분	학습 주제	관련 교과
1단계	**Basic Exercise** 곱셈식에서 ■의 값을 구하는 여러 가지 방법을 배웁니다.	방법1	뛰어 세기로 계산하기	
		방법2	곱셈구구로 계산하기	
		방법3	곱셈식을 나눗셈식으로 바꾸어서 계산하기	
2단계	**One Problem Multi Solution** 1단계에서 배운 여러 가지 방법을 토대로 곱셈식에서 ■의 값을 구하는 여러 가지 유형을 계산합니다.	유형1	(몇)×■의 계산	〈2-2〉 2.곱셈구구
		유형2	■×(몇)의 계산	〈2-2〉 2.곱셈구구
		유형3	(몇십 몇)×■의 계산	〈3-1〉 4.곱셈
		유형4	■×(몇십 몇)의 계산	〈3-1〉 4.곱셈
3단계	**Calculation Master** 앞에서 학습한 내용을 자유롭게 적용해 계산합니다.			

Basic Exercise

6 곱셈식에서 ■의 값 구하기   1단계

Q1 ☐ 안에 알맞은 수를 써넣으세요.

방법 ① 뛰어 세기로 계산하기

❶ 8 × ■ = 24
8 - 16 - [24]
➡ 8씩 [3]번 뛰어 세었으므로
■ = [3]

❷ ■ × 7 = 28 ⇒ 7 × ■ = 28
7 - 14 - [21] - [28]
➡ 7씩 [4]번 뛰어 세었으므로
■ = [4]

❶ 6 × ■ = 24
6 - 12 - ☐ - ☐
➡ 6씩 ☐번 뛰어 세었으므로
■ = ☐

❸ ■ × 9 = 36 ⇒ 9 × ■ = 36
9 - 18 - ☐ - ☐
➡ 9씩 ☐번 뛰어 세었으므로
■ = ☐

❷ 9 × ■ = 27
9 - ☐ - ☐
➡ 9씩 ☐번 뛰어 세었으므로
■ = ☐

❹ ■ × 8 = 40 ⇒ 8 × ■ = 40
8 - 16 - ☐ - ☐ - ☐
➡ 8씩 ☐번 뛰어 세었으므로
■ = ☐

Q2 ☐ 안에 알맞은 수를 써넣으세요.

방법 ❷ 곱셈구구로 계산하기

❶ 8 × ■ = 32

×	1	2	3	4
8	8	16	24	32

■ = 4

❷ ■ × 6 = 36

×	1	2	3	4	5	6
6	6	12	18	24	30	36

■ = 3

---

❶ 9 × ■ = 45

×	1	2	3	4	5
9					

■ = ☐

❸ ■ × 5 = 30

×	1	2	3	4	5	6
5						

■ = ☐

❷ 7 × ■ = 42

×	1	2	3	4	5	6
7						

■ = ☐

❹ ■ × 7 = 35

×	1	2	3	4	5
7					

■ = ☐

Q3 □ 안에 알맞은 수를 써넣으세요.

방법 ③ 곱셈식을 나눗셈식으로 바꾸어서 계산하기

❶ 8 × ■ = 40
⇒ 40 ÷ 8 = ■
　■ = 5

❷ ■ × 7 = 42
⇒ 42 ÷ 7 = ■
　■ = 6

❶ 6 × ■ = 48
⇒ 48 ÷ 6 = ■
　■ = ☐

❹ ■ × 8 = 32
⇒ 32 ÷ 8 = ■
　■ = ☐

❷ 9 × ■ = 54
⇒ 54 ÷ 9 = ■
　■ = ☐

❺ ■ × 4 = 36
⇒ 36 ÷ 4 = ■
　■ = ☐

❸ 7 × ■ = 28
⇒ 28 ÷ 7 = ■
　■ = ☐

❻ ■ × 5 = 40
⇒ 40 ÷ 5 = ■
　■ = ☐

6. 곱셈식에서 ■의 값 구하기

One Problem Multi Solution — 2단계

유형1 (몇) × ■의 계산

(몇) × ■을 여러 가지 방법으로 계산해 봅시다.

방법 1 뛰어 세기로 계산하기

2 × ■ = 16

2 - 4 - 6 - 8 - 10 - 12 - 14 - 16

➡ 2씩 8번 뛰어 세었으므로

■ = 8

방법 2 곱셈구구로 계산하기

2 × ■ = 16

×	1	2	3	4	5	6	7	8
2	2	4	6	8	10	12	14	16

■ = 8

방법 3 곱셈식을 나눗셈식으로 바꾸어서 계산하기

2 × ■ = 16

⇒ 16 ÷ 2 = ■

■ = 8

◎ ■를 구해 보세요.

1. 3 × ■ = 21

❶ 3 × ■ = 21

3 - 6 - 9 - 12 - 15 - ☐ - ☐

➡ 3씩 ☐번 뛰어 세었으므로

■ = ☐

❷ 3 × ■ = 21

×	1	2	3	4	5	6	7
3							

■ = ☐

❸ 3 × ■ = 21

⇒ 21 ÷ 3 = ■

■ = ☐

2. 7 × ■ = 49

❶ 7 × ■ = 49

7-14-21-28-35-42-☐

➡ 7씩 ☐번 뛰어 세었으므로

■ = ☐

❷ 7 × ■ = 49

×	1	2	3	4	5	6	7
7							

■ = ☐

❸ 7 × ■ = 49

⇒ 49 ÷ 7 = ■

■ = ☐

3. 8 × ■ = 72

❶ 8 × ■ = 72

8-16-24-32-40-48-56-☐-☐

➡ 8씩 ☐번 뛰어 세었으므로

■ = ☐

❷ 8 × ■ = 72

×	1	2	3	4	5	6	7	8	9
8									

■ = ☐

❸ 8 × ■ = 72

⇒ 72 ÷ 8 = ■

■ = ☐

2단계 ❻ 곱셈식에서 ■의 값 구하기 유형2

유형2 ■ × (몇)의 계산

■ × (몇)을 여러 가지 방법으로 계산해 봅시다.

방법 ① 뛰어 세기로 계산하기

■ × 3 = 18 ⇒ 3 × ■ = 18

3 - 6 - 9 - 12 - 15 - 18

➡ 3씩 6번 뛰어 세었으므로
■ = 6

방법 ② 곱셈구구로 계산하기

■ × 3 = 18

×	1	2	3	4	5	6
3	3	6	9	12	15	18

■ = 6

방법 ③ 곱셈식을 나눗셈식으로 바꾸어서 계산하기

■ × 3 = 18
⇒ 18 ÷ 3 = ■
■ = 6

◎ ■를 구해 보세요.

1. ■ × 4 = 28

❶ ■ × 4 = 28 ⇒ 4 × ■ = 28

4 - 8 - 12 - 16 - 20 - ☐ - ☐

➡ 4씩 ☐번 뛰어 세었으므로
■ = ☐

❷ ■ × 4 = 28

×	1	2	3	4	5	6	7
4							

■ = ☐

❸ ■ × 4 = 28
⇒ 28 ÷ 4 = ■
■ = ☐

2. ■ × 6 = 30

❶ ■ × 6 = 30 ⇒ 6 × ■ = 30

6-12-18-☐-☐

➡ 6씩 ☐번 뛰어 세었으므로

■ = ☐

❷ ■ × 6 = 30

×	1	2	3	4	5
6					

■ = ☐

❸ ■ × 6 = 30
⇒ 30 ÷ 6 = ■

■ = ☐

3. ■ × 5 = 45

❶ ■ × 5 = 45 ⇒ 5 × ■ = 45

5-10-15-20-25-30-35-☐-☐

➡ 5씩 ☐번 뛰어 세었으므로

■ = ☐

❷ ■ × 5 = 45

×	1	2	3	4	5	6	7	8	9
5									

■ = ☐

❸ ■ × 5 = 45
⇒ 45 ÷ 5 = ■

■ = ☐

2단계 ⑥ 곱셈식에서 ■의 값 구하기 [유형3]

유형3 (몇십 몇) × ■의 계산

(몇십 몇) × ■을 여러 가지 방법으로 계산해 봅시다.

방법 ① 뛰어 세기로 계산하기

13 × ■ = 39

13-26-39

➡ 13씩 3번 뛰어 세었으므로
■ = 3

방법 ③ 곱셈식을 나눗셈식으로 바꾸어서 계산하기

13 × ■ = 39
⇒ 39 ÷ 13 = ■
■ = 3

◎ ■를 구해 보세요.

1. 21 × ■ = 42

❶ 21 × ■ = 42

21-☐

➡ ☐번 뛰어 세었으므로
■ = ☐

❷ 21 × ■ = 42
⇒ 42 ÷ 21 = ■
■ = ☐

2. 16 × ■ = 48

① 16 × ■ = 48

  16 - ☐ - ☐

  ➡ 16씩 ☐번 뛰어 세었으므로

  ■ = ☐

② 16 × ■ = 48

⇒ 48 ÷ 16 = ■

  ■ = ☐

3. 23 × ■ = 69

① 23 × ■ = 69

  23 - ☐ - ☐

  ➡ 23씩 ☐번 뛰어 세었으므로

  ■ = ☐

② 23 × ■ = 69

⇒ 69 ÷ 23 = ■

  ■ = ☐

2단계 ⑥ 곱셈식에서 ■의 값 구하기

 유형4 ■×(몇십 몇)의 계산

■×(몇십 몇)을 여러 가지 방법으로 계산해 봅시다.

방법 ① 뛰어 세기로 계산하기

■ × 12 = 48

12-24-36-48

➡ 12씩 4번 뛰어 세었으므로

■ = 4

방법 ③ 곱셈식을 나눗셈식으로 바꾸어서 계산하기

■ × 12 = 48
⇒ 48 ÷ 12 = ■

■ = 4

◎ ■를 구해 보세요.

1. ■ × 24 = 72

① ■ × 24 = 72 ⇒ 24 × ■ = 72

24-☐-☐

➡ 24씩 ☐번 뛰어 세었으므로

■ = ☐

② ■ × 24 = 72
⇒ 72 ÷ 24 = ■

■ = ☐

110

2. ■ × 15 = 45

❶ ■ × 15 = 45 ⇒ 15 × ■ = 45

15-☐-☐

➡ 15씩 ☐번 뛰어 세었으므로

■ = ☐

❷ ■ × 15 = 45
⇒ 45 ÷ 15 = ■

■ = ☐

3. ■ × 32 = 64

❶ ■ × 32 = 64 ⇒ 32 × ■ = 64

32-☐

➡ 32씩 ☐번 뛰어 세었으므로

■ = ☐

❷ ■ × 32 = 64
⇒ 64 ÷ 32 = ■

■ = ☐

6 곱셈식에서 ■의 값 구하기

Calculation Master 3단계

◎ ■를 구해 보세요.

① 7 × ■ = 21
■ = ☐

② 8 × ■ = 64
■ = ☐

③ 6 × ■ = 54
■ = ☐

④ 5 × ■ = 35
■ = ☐

⑤ 4 × ■ = 24
■ = ☐

⑥ 9 × ■ = 63
■ = ☐

⑦ ■ × 3 = 21
■ = ☐

⑧ ■ × 4 = 20
■ = ☐

⑨ ■ × 6 = 42
■ = ☐

⑩ ■ × 9 = 81
■ = ☐

⑪ ■ × 3 = 27
■ = ☐

⑫ ■ × 8 = 56
■ = ☐

3단계 ❻ 곱셈식에서 ■의 값 구하기

⑬ 11 × ■ = 33
■ = ☐

⑭ 12 × ■ = 60
■ = ☐

⑮ 14 × ■ = 56
■ = ☐

⑯ 21 × ■ = 63
■ = ☐

⑰ 23 × ■ = 92
■ = ☐

⑱ 32 × ■ = 96
■ = ☐

⑲ ■ × 13 = 52
■ = ☐

⑳ ■ × 15 = 60
■ = ☐

㉑ ■ × 17 = 34
■ = ☐

㉒ ■ × 25 = 75
■ = ☐

㉓ ■ × 31 = 93
■ = ☐

㉔ ■ × 42 = 84
■ = ☐

나눗셈

① (몇)÷(몇) 계산하기
② (몇십 몇)÷(몇) 계산하기
③ 규칙을 찾아서 계산하기
④ 나눗셈식에서 ■의 값 구하기

1 (몇)÷(몇) 계산하기

  학습 목표

단계	학습 의도	구분	학습 주제	관련 교과
1단계	**Basic Exercise** (몇)÷(몇)을 계산하는 여러 가지 방법을 배웁니다.	방법1	똑같게 나누기	
		방법2	똑같이 묶어서 나누기	
		방법3	뺄셈으로 계산하기	
		방법4	곱셈구구 이용하기	
2단계	**One Problem Multi Solution** 1단계에서 배운 여러 가지 방법을 토대로 (몇)÷(몇)의 여러 가지 유형을 계산합니다.	유형1	(몇)÷(몇)의 계산(1)	〈3-1〉 3.나눗셈
			(몇)÷(몇)의 계산(2)	〈3-1〉 3.나눗셈
3단계	**Calculation Master** 앞에서 학습한 내용을 자유롭게 적용해 계산합니다.			

Basic Exercise

1 (몇) ÷ (몇) 계산하기

1단계

Q1 그림을 접시에 선으로 잇고, ☐ 안에 알맞은 수를 써넣으세요.

💡 방법 ❶ 똑같게 나누기

❶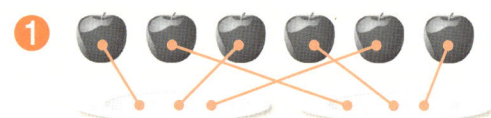

사과 6개를 2곳에 똑같게 나누면 한 곳에 **3** 개씩입니다.

6 ÷ 2 = **3**

❷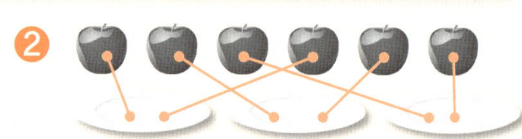

사과 6개를 3곳에 똑같게 나누면 한 곳에 **2** 개씩입니다.

6 ÷ 3 = **2**

❶

도넛 4개를 2곳에 똑같게 나누면 한 곳에 ☐ 개씩입니다.

4 ÷ 2 = ☐

> 도넛을 하나씩 번갈아 가며 접시에 선으로 이어 봅니다.

❷

도넛 3개를 3곳에 똑같게 나누면 한 곳에 ☐ 개씩입니다.

3 ÷ 3 = ☐

❸

도넛 5개를 5곳에 똑같게 나누면 한 곳에 ☐ 개씩입니다.

5 ÷ 5 = ☐

❹

도넛 8개를 2곳에 똑같게 나누면 한 곳에 ☐ 개씩입니다.

8 ÷ 2 = ☐

Q2 그림을 ◯로 묶고, ☐ 안에 알맞은 수를 써넣으세요.

💡 방법 ❷ 똑같이 묶어서 나누기

①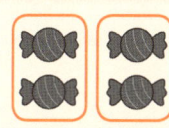

사탕 4개를 2개씩 똑같이 묶으면
2 묶음입니다.
4 ÷ 2 = **2**

②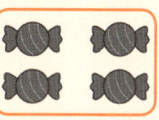

사탕 8개를 4개씩 똑같이 묶으면
2 묶음입니다.
8 ÷ 4 = **2**

---

①

감 6개를 2개씩 똑같이 묶으면
☐ 묶음입니다.
6 ÷ 2 = ☐

💬 감을 2개씩 묶어 봅니다.

③

감 7개를 7개씩 똑같이 묶으면
☐ 묶음입니다.
7 ÷ 7 = ☐

②

오렌지 10개를 2개씩 똑같이 묶으면
☐ 묶음입니다.
10 ÷ 2 = ☐

④

오렌지 9개를 3개씩 똑같이 묶으면
☐ 묶음입니다.
9 ÷ 3 = ☐

Q3 나눗셈식을 뺄셈식으로 바꾸고, ☐ 안에 알맞은 수를 써넣으세요.

방법 ③ 뺄셈으로 계산하기

① 2 ÷ 2

뺄셈식 : 2 - 2 = 0

2에서 2를 ☐1☐ 번 뺄 수 있으므로

2 ÷ 2 = ☐1☐

② 4 ÷ 2

뺄셈식 : 4 - 2 - 2 = 0

4에서 2를 ☐2☐ 번 뺄 수 있으므로

4 ÷ 2 = ☐2☐

---

① 3 ÷ 3

뺄셈식 : _____

3에서 3을 ☐ 번 뺄 수 있으므로

3 ÷ 3 = ☐

3에서 더 이상 뺄 수 없을 때까지 3을 빼 봅니다.

② 6 ÷ 2

뺄셈식 : _____

6에서 2를 ☐ 번 뺄 수 있으므로

6 ÷ 2 = ☐

③ 4 ÷ 1

뺄셈식 : _____

4에서 1을 ☐ 번 뺄 수 있으므로

4 ÷ 1 = ☐

4에서 1을 몇 번 뺄 수 있는지 생각해 봅니다.

④ 8 ÷ 4

뺄셈식 : _____

8에서 4를 ☐ 번 뺄 수 있으므로

8 ÷ 4 = ☐

Q4 □ 안에 알맞은 수를 써넣으세요.

방법 4 곱셈구구 이용하기

❶ $4 \div 2 = ■$
⇒ $2 \times ■ = 4$
   $■ = \boxed{2}$

❷ $5 \div 5 = ■$
⇒ $5 \times ■ = 5$
   $■ = \boxed{1}$

---

❶ $3 \div 3 = ■$
⇒ $3 \times ■ = 3$
   $■ = \boxed{}$

> 3의 단을 떠올려 봅니다.

❸ $7 \div 1 = ■$
⇒ $1 \times ■ = 7$
   $■ = \boxed{}$

> 7의 단을 떠올려 봅니다.

❷ $6 \div 2 = ■$
⇒ $2 \times ■ = 6$
   $■ = \boxed{}$

❹ $9 \div 3 = ■$
⇒ $3 \times ■ = 9$
   $■ = \boxed{}$

One Problem Multi Solution

1 (몇)÷(몇) 계산하기

2단계

유형1 (몇)÷(몇)의 계산(1)

나눗셈의 개념을 이해하고, (몇)÷(몇)을 그림을 이용해 계산해 봅시다.

💡 방법 ❶ 똑같게 나누기

$9 \div 3 = 3$

💡 방법 ❷ 똑같이 묶어서 나누기

$9 \div 3 = 3$

◎ 그림을 접시에 선으로 잇거나, ⬚로 묶어 나눗셈식을 계산해 보세요.

1. $8 \div 2$

❶

$8 \div 2 = \square$

오렌지를 하나씩 번갈아 접시에 선으로 이어 봅니다.

❷
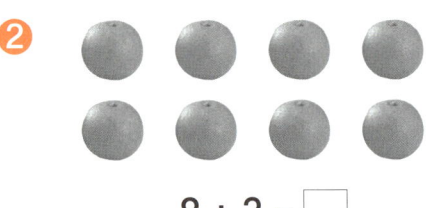

$8 \div 2 = \square$

오렌지를 2개씩 묶어 봅니다.

2. 6 ÷ 3

❶

6 ÷ 3 = ☐

밤을 하나씩 번갈아 접시에 선으로 이어 봅니다.

❷

6 ÷ 3 = ☐

밤을 3개씩 묶어 봅니다.

3. 6 ÷ 2

❶

6 ÷ 2 = ☐

❷

6 ÷ 2 = ☐

2단계　① (몇)÷(몇) 계산하기　유형2

유형1　(몇)÷(몇)의 계산(2)

(몇)÷(몇)을 뺄셈식과 곱셈구구를 이용해 계산해 봅시다.

방법 3　뺄셈으로 계산하기

$9 \div 3$

뺄셈식 : $9 - 3 - 3 - 3 = 0$

$9 \div 3 = 3$

방법 4　곱셈구구 이용하기

$9 \div 3 = \blacksquare$

$\Rightarrow 3 \times \blacksquare = 9$

　$\blacksquare = 3$

◎ 계산해 보세요.

1. $8 \div 4$

❶ $8 \div 4$

뺄셈식 : _____

$8 \div 4 = \boxed{}$

8에서 더 이상 뺄 수 없을 때까지 4를 빼 봅니다.

❷ $8 \div 4 = \blacksquare$

$\Rightarrow 4 \times \blacksquare = 8$

$\blacksquare = \boxed{}$

4의 단을 떠올려 봅니다.

2. 6 ÷ 3

❶ 6 ÷ 3

   뺄셈식 : _____

   6 ÷ 3 = ☐

   > 6에서 3을 몇 번 뺄 수 있는지 생각해 봅니다.

❷ 6 ÷ 3 = ■

   ⇒ 3 × ■ = 6

   ■ = ☐

3. 9 ÷ 9

❶ 9 ÷ 9

   뺄셈식 : _____

   9 ÷ 9 = ☐

❷ 9 ÷ 9 = ■

   ⇒ 9 × ■ = 9

   ■ = ☐

1 (몇) ÷ (몇) 계산하기

Calculation Master 3단계

◎ 계산해 보세요.

① 2 ÷ 2 = ☐

② 3 ÷ 3 = ☐

③ 4 ÷ 2 = ☐

④ 5 ÷ 5 = ☐

⑤ 6 ÷ 1 = ☐

⑥ 8 ÷ 1 = ☐

⑦ 2 ÷ 1 = ☐

⑧ 6 ÷ 2 = ☐

⑨ 8 ÷ 4 = ☐

⑩ 6 ÷ 3 = ☐

⑪ 7 ÷ 7 = ☐

⑫ 9 ÷ 3 = ☐

2 (몇십 몇)÷(몇) 계산하기

학습 목표

단계	학습 의도	구분	학습 주제	관련 교과
1단계	**Basic Exercise** (몇십 몇)÷(몇)을 계산하는 여러 가지 방법을 배웁니다.	방법1	똑같게 나누기	
		방법2	똑같이 묶어서 나누기	
		방법3	뺄셈으로 계산하기	
		방법4	곱셈구구표 이용하기	
		방법5	나눗셈식을 곱셈식으로 바꾸기	
		방법6	세로셈으로 계산하기	
2단계	**One Problem Multi Solution** 1단계에서 배운 여러 가지 방법을 토대로 (몇십 몇)÷(몇)의 여러 가지 유형을 계산합니다.	유형1	(몇십 몇)÷(몇)의 계산(1)	〈3-1〉 3.나눗셈
			(몇십 몇)÷(몇)의 계산(2)	
			(몇십 몇)÷(몇)의 계산(3)	
		유형2	나눗셈식을 곱셈식으로 바꾸기	〈3-1〉 3.나눗셈
3단계	**Calculation Master** 앞에서 학습한 내용을 자유롭게 적용해 계산합니다.			

 Basic Exercise

(몇십 몇) ÷ (몇) 계산하기 1단계

 접시 안에 ○를 그리고, □ 안에 알맞은 수를 써넣으세요.

방법 ❶ 똑같게 나누기

❶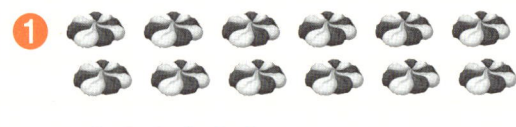

12 ÷ 2 = 6

❷

15 ÷ 3 = 5

❶

12 ÷ 3 = ☐

❸

14 ÷ 2 = ☐

쿠키가 똑같게 나뉘도록 접시에 ○로 그려 봅니다.

❷

18 ÷ 3 = ☐

❹

15 ÷ 3 = ☐

Q2 그림을 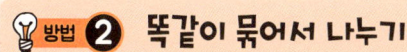로 묶고, ☐ 안에 알맞은 수를 써넣으세요.

방법 2 똑같이 묶어서 나누기

① 12 ÷ 3 = 4

② 21 ÷ 3 = 7

① 18 ÷ 6 = ☐

> 사탕을 6개씩 똑같이 묶어 봅니다.

③

20 ÷ 5 = ☐

> 사탕을 5개씩 똑같이 묶어 봅니다.

②

24 ÷ 4 = ☐

④ 27 ÷ 3 = ☐

127

Q3 나눗셈식을 뺄셈식으로 바꾸고, ☐ 안에 알맞은 수를 써넣으세요.

방법 3 뺄셈으로 계산하기

❶ $14 \div 7$

뺄셈식 : $14-7-7=0$

14에서 7을 ☐2 번 뺄 수 있으므로

$14 \div 7 = $ ☐2

❷ $15 \div 5$

뺄셈식 : $15-5-5-5=0$

15에서 5를 ☐3 번 뺄 수 있으므로

$15 \div 5 = $ ☐3

---

❶ $12 \div 6$

뺄셈식 : _____

12에서 6을 ☐번 뺄 수 있으므로

$12 \div 6 = $ ☐

12에서 6을 몇 번 뺄 수 있는지 생각해 봅니다.

❷ $18 \div 9$

뺄셈식 : _____

18에서 9를 ☐번 뺄 수 있으므로

$18 \div 9 = $ ☐

❸ $18 \div 6$

뺄셈식 : _____

18에서 6을 ☐번 뺄 수 있으므로

$18 \div 6 = $ ☐

18에서 6을 몇 번 뺄 수 있는지 생각해 봅니다.

❹ $15 \div 3$

뺄셈식 : _____

15에서 3을 ☐번 뺄 수 있으므로

$15 \div 3 = $ ☐

Q4 빈칸에 알맞은 수를 써넣으세요.

방법 ❹ 곱셈구구표 이용하기

❶ 12 ÷ 2 = 6

×	1	2	3	4	5	6
2	2	4	6	8	10	12

❷ 18 ÷ 2 = 9

×	1	2	3	4	5	6	7	8	9
2	2	4	6	8	10	12	14	16	18

❶ 16 ÷ 4 =

×	1	2	3	
4	4	8	12	

4의 단을 떠올려 봅니다.

❸ 21 ÷ 3 =

×	1	2	3	4	5	6	
3	3	6	9	12	15	18	

3의 단을 떠올려 봅니다.

❷ 24 ÷ 3 =

×	1	2	3	4	5	6	7	
3	3	6	9	12	15	18	21	

❹ 27 ÷ 9 =

×	1	2	
9	9	18	

Q5 ☐ 안에 알맞은 수를 써넣으세요.

방법 5 나눗셈식을 곱셈식으로 바꾸기

① 10 ÷ 2 = 5
⇒ 2 × 5 = 10
⇒ 5 × 2 = 10

② 36 ÷ 4 = 9
⇒ 4 × 9 = 36
⇒ 9 × 4 = 36

---

① 16 ÷ 2 = 8
⇒ ☐ × ☐ = ☐
⇒ ☐ × ☐ = ☐

③ 20 ÷ 4 = 5
⇒ ☐ × ☐ = ☐
⇒ ☐ × ☐ = ☐

② 15 ÷ 5 = 3
⇒ ☐ × ☐ = ☐
⇒ ☐ × ☐ = ☐

④ 28 ÷ 4 = 7
⇒ ☐ × ☐ = ☐
⇒ ☐ × ☐ = ☐

Q6 ☐ 안에 알맞은 수를 써넣으세요.

방법 6 세로셈으로 계산하기

❶ 12 ÷ 3 = 4

```
      4
3 ) 1 2
    1 2
      0
```

❷ 15 ÷ 5 = 3

```
      3
5 ) 1 5
    1 5
      0
```

❶ 24 ÷ 8 = ☐

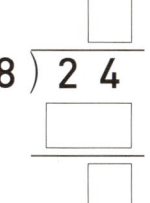

❸ 18 ÷ 3 = ☐

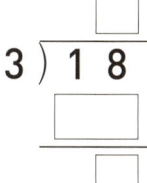

❷ 16 ÷ 4 = ☐

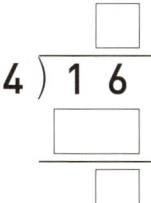

❹ 27 ÷ 9 = ☐

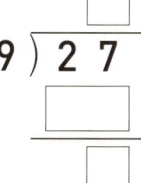

2 (몇십 몇)÷(몇) 계산하기

One Problem Multi Solution

유형1 (몇십 몇)÷(몇)의 계산(1)

나눗셈의 개념을 이해하고, (몇십 몇)÷(몇)을 그림을 이용해 계산해 봅시다.

방법 1 똑같게 나누기

$12 ÷ 2 = 6$

방법 2 똑같이 묶어서 나누기

$12 ÷ 2 = 6$

◎ 접시 안에 ○를 그리거나, 그림을 □로 묶어 나눗셈식을 계산해 보세요.

1. 14 ÷ 2

❶

$14 ÷ 2 = \boxed{}$

> 쿠키가 똑같게 나뉘도록 접시에 ○로 그려 봅니다.

❷

$14 ÷ 2 = \boxed{}$

> 쿠키를 2개씩 묶어 봅니다.

2. 18 ÷ 3

❶

18 ÷ 3 = ☐

> 사탕이 똑같게 나뉘도록 접시에 ○로 그려 봅니다.

❷

18 ÷ 3 = ☐

> 사탕을 3개씩 묶어 봅니다.

3. 24 ÷ 3

❶

24 ÷ 3 = ☐

❷

24 ÷ 3 = ☐

2단계 ❷ (몇십 몇)÷(몇) 계산하기 유형2

유형1 (몇십 몇)÷(몇)의 계산(2)

(몇십 몇)÷(몇)을 뺄셈식과 곱셈구구를 이용해 계산해 봅시다.

방법 ❸ 뺄셈으로 계산하기

25 ÷ 5

뺄셈식 : 25-5-5-5-5-5=0

25 ÷ 5 = 5

방법 ❹ 곱셈구구표 이용하기

×	1	2	3	4	5
5	5	10	15	20	25

25 ÷ 5 = 5

◎ 계산해 보세요.

1. 28 ÷ 7

❶ 28 ÷ 7

뺄셈식 : _____

28 ÷ 7 = ☐

28에서 7을 몇 번 뺄 수 있는지 생각해 봅니다.

❷
×	1	2	3	☐
7	7	14	21	☐

28 ÷ 7 = ☐

7의 단을 떠올려 봅니다.

2. 32 ÷ 8

❶ 32 ÷ 8

뺄셈식 : _____

32 ÷ 8 = ☐

❷

×	1	2	3	☐
8	8	16	24	

32 ÷ 8 = ☐

3. 40 ÷ 5

❶ 40 ÷ 5

뺄셈식 : _____

40 ÷ 5 = ☐

❷

×	1	2	3	4	5	6	7	☐
5	5	10	15	20	25	30	35	

40 ÷ 5 = ☐

2단계 ② (몇십 몇)÷(몇) 계산하기 유형3

유형1 (몇십 몇)÷(몇)의 계산(3)

(몇십 몇)÷(몇)을 곱셈식과 세로셈으로 계산해 봅시다.

방법 ⑤ 나눗셈식을 곱셈식으로 바꾸기

$27 \div 9 = ■$

$\Rightarrow 9 \times ■ = 27$

$■ = 3$

방법 ⑥ 세로셈으로 계산하기

$27 \div 9 = 3$

```
      3
   ┌─────
 9 ) 2 7
     2 7
     ───
       0
```

◎ 계산해 보세요.

1. $36 \div 6$

❶ $36 \div 6 = ■$

$\Rightarrow 6 \times ■ = 36$

$■ = \boxed{}$

❷ $36 \div 6 = \boxed{}$

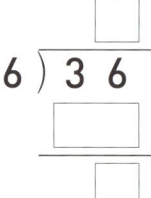

2. 42 ÷ 7

❶ 42 ÷ 7 = ■

⇒ 7 × ■ = 42

　　■ = ☐

❷ 42 ÷ 7 = ☐

$$7 \overline{)42}$$

3. 56 ÷ 8

❶ 56 ÷ 8 = ■

⇒ 8 × ■ = 56

　　■ = ☐

❷ 56 ÷ 8 = ☐

$$8 \overline{)56}$$

2단계 ❷ (몇십 몇) ÷ (몇) 계산하기 유형4

유형2 나눗셈식을 곱셈식으로 바꾸기

나눗셈식을 여러 가지 방법을 이용해 곱셈식으로 바꾸어 봅시다.

방법 ❶ 그림으로 생각하기

15 ÷ 3

⇒ 3 × 5 = 15
⇒ 5 × 5 = 15

방법 ❷ 곱셈구구표 이용하기

15 ÷ 3

×	1	2	3	4	5
3	3	6	9	12	15

⇒ 3 × 5 = 15
⇒ 5 × 5 = 15

◎ 계산해 보세요.

1. 32 ÷ 8

❶ 32 ÷ 8

⇒ 8 × ☐ = ☐
⇒ 4 × ☐ = ☐

❷ 32 ÷ 8

×	1	2	3	☐
8	8	16	24	

⇒ 8 × ☐ = ☐
⇒ 4 × ☐ = ☐

2. 42 ÷ 7

❶ 42 ÷ 7

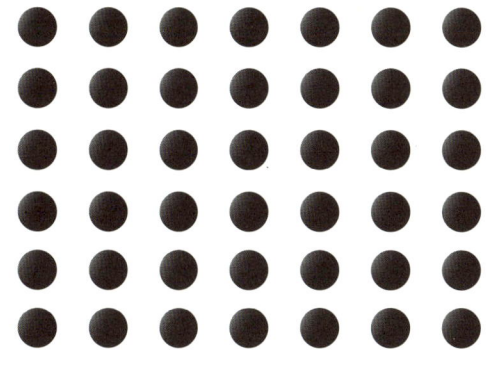

⇒ ☐ × ☐ = ☐
⇒ ☐ × ☐ = ☐

❷ 42 ÷ 7

×	1	2	3	4	5	
7	7	14	21	28	35	

⇒ ☐ × ☐ = ☐
⇒ ☐ × ☐ = ☐

3. 63 ÷ 9

❶ 63 ÷ 9

⇒ ☐ × ☐ = ☐
⇒ ☐ × ☐ = ☐

❷ 63 ÷ 9

×	1	2	3	4	5	6	
9	9	18	27	36	45	54	

⇒ ☐ × ☐ = ☐
⇒ ☐ × ☐ = ☐

2 (몇십 몇) ÷ (몇) 계산하기

Calculation Master  3단계

◎ 계산해 보세요.

❶ 18 ÷ 2 = ❼ 18 ÷ 3 =

❷ 21 ÷ 7 = ❽ 24 ÷ 6 =

❸ 36 ÷ 6 = ❾ 32 ÷ 4 =

❹ 28 ÷ 4 = ❿ 30 ÷ 6 =

❺ 15 ÷ 5 = ⓫ 42 ÷ 6 =

❻ 42 ÷ 7 = ⓬ 48 ÷ 6 =

3단계 ❷ (몇십 몇) ÷ (몇) 계산하기

⑬ 56 ÷ 7 = ☐

⑭ 63 ÷ 9 = ☐

⑮ 64 ÷ 8 = ☐

⑯ 54 ÷ 6 = ☐

⑰ 72 ÷ 8 = ☐

⑱ 81 ÷ 9 = ☐

⑲ 30 ÷ 6
⇒ ☐ × ☐ = ☐
⇒ ☐ × ☐ = ☐

⑳ 45 ÷ 9
⇒ ☐ × ☐ = ☐
⇒ ☐ × ☐ = ☐

㉑ 56 ÷ 8
⇒ ☐ × ☐ = ☐
⇒ ☐ × ☐ = ☐

㉒ 48 ÷ 6
⇒ ☐ × ☐ = ☐
⇒ ☐ × ☐ = ☐

㉓ 63 ÷ 7
⇒ ☐ × ☐ = ☐
⇒ ☐ × ☐ = ☐

㉔ 72 ÷ 9
⇒ ☐ × ☐ = ☐
⇒ ☐ × ☐ = ☐

3 규칙을 찾아서 계산하기

 **학습 목표**

단계	학습 의도	구분	학습 주제	관련 교과
1단계	**Basic Exercise** 나눗셈식을 보고 규칙을 찾아서 계산하는 여러 가지 방법을 배웁니다.	방법1	반으로 계산하기	
		방법2	2배 이용하기	
		방법3	베다수학 9 나누기	
2단계	**One Problem** **Multi Solution** 1단계에서 배운 여러 가지 방법을 토대로 나눗셈식에서 규칙을 찾아서 계산하는 여러 가지 유형을 살펴봅니다.	유형1	2로 나누기	〈3-1〉 3.나눗셈
		유형2	4로 나누기	〈3-1〉 3.나눗셈
		유형3	5로 나누기	〈3-1〉 3.나눗셈
		유형4	9로 나누기	〈3-1〉 3.나눗셈
3단계	**Calculation Master** 앞에서 학습한 내용을 자유롭게 적용해 계산합니다.			

Basic Exercise

3 규칙을 찾아서 계산하기

Q1 □ 안에 알맞은 수를 써넣으세요.

> 💡 방법 ❶ 반으로 계산하기

❶ 12 ÷ 2 = 6
　10의 반 : 5
　2의 반 : 1
⇒ 5 + 1 = 6

❷ 24 ÷ 4 = 6
　20의 반 : 10
　4의 반 : 2
⇒ 10 + 2 = 12
다시 반으로 나누기 :
⇒ 12 ÷ 2 = 6

❶ 10 ÷ 2 = ☐
⇒ 10의 반 : ☐

❷ 22 ÷ 2 = ☐
　20의 반 : ☐
　2의 반 : ☐
⇒ ☐ + ☐ = ☐

❸ 36 ÷ 4 = ☐
　30의 반 : ☐
　6의 반 : ☐
⇒ ☐ + ☐ = ☐
다시 반으로 나누기 :
⇒ ☐ ÷ ☐ = ☐

❹ 56 ÷ 4 = ☐
　50의 반 : ☐
　6의 반 : ☐
⇒ ☐ + ☐ = ☐
다시 반으로 나누기 :
⇒ ☐ ÷ ☐ = ☐

Q2 □ 안에 알맞은 수를 써넣으세요.

방법 2 2배 이용하기

❶ 15 ÷ 5 = 3
15의 2배 : 30
15의 2배에서 0 지우기 : 3

❷ 10 ÷ 5 = 2
10의 2배 : 20
10의 2배에서 0 지우기 : 2

---

❶ 20 ÷ 5 = ☐
20의 2배 : ☐
20의 2배에서 0 지우기 : ☐

❹ 35 ÷ 5 = ☐
35의 2배 : ☐
35의 2배에서 0 지우기 : ☐

❷ 25 ÷ 5 = ☐
25의 2배 : ☐
25의 2배에서 0 지우기 : ☐

❺ 40 ÷ 5 = ☐
40의 2배 : ☐
40의 2배에서 0 지우기 : ☐

❸ 30 ÷ 5 = ☐
30의 2배 : ☐
30의 2배에서 0 지우기 : ☐

❻ 45 ÷ 5 = ☐
45의 2배 : ☐
45의 2배에서 0 지우기 : ☐

Q3 □ 안에 알맞은 수를 써넣으세요.

방법 3 베다수학 9 나누기

❶ 18 ÷ 9 = 2
① 18의 십의 자리 숫자 : 1
② 18의 각 자리 숫자의 합: 1 + 8 = 9
③ ②의 값을 9로 나누기 : 9 ÷ 9 = 1
④ ①, ③의 값 더하기 : 1 + 1 = 2

❷ 27 ÷ 9 = 3
① 27의 십의 자리 숫자 : 2
② 각 자리 숫자의 합 : 1 + 8 = 9
③ ②의 값을 9로 나누기 : 9 ÷ 9 = 1
④ ①, ③의 값 더하기 : 2 + 1 = 2

❶ 36 ÷ 9 = ☐
① 36의 십의 자리 숫자 : ☐
② 36의 각 자리 숫자의 합 : ☐ + ☐ = ☐
③ ②의 값을 9로 나누기 : ☐ ÷ 9 = ☐
④ ①, ③의 값 더하기 : ☐ + ☐ = ☐

❸ 54 ÷ 9 = ☐
① 54의 십의 자리 숫자 : ☐
② 54의 각 자리 숫자의 합 : ☐ + ☐ = ☐
③ ②의 값을 9로 나누기 : ☐ ÷ 9 = ☐
④ ①, ③의 값 더하기 : ☐ + ☐ = ☐

❷ 45 ÷ 9 = ☐
① 45의 십의 자리 숫자 : ☐
② 45의 각 자리 숫자의 합 : ☐ + ☐ = ☐
③ ②의 값을 9로 나누기 : ☐ ÷ 9 = ☐
④ ①, ③의 값 더하기 : ☐ + ☐ = ☐

❹ 63 ÷ 9 = ☐
① 63의 십의 자리 숫자 : ☐
② 63의 각 자리 숫자의 합 : ☐ + ☐ = ☐
③ ②의 값을 9로 나누기 : ☐ ÷ 9 = ☐
④ ①, ③의 값 더하기 : ☐ + ☐ = ☐

3. 규칙을 찾아서 계산하기

One Problem Multi Solution
2단계

유형1 2로 나누기

어떤 수를 2로 나눌 때 여러가지 방법으로 계산해 봅시다.

방법 ⓪ 세로셈으로 계산하기

$12 \div 2 = 6$

```
      6
   ─────
2 ) 1 2
    1 2
   ─────
      0
```

방법 ① 반으로 계산하기

$12 \div 2 = 6$

10의 반 : 5

2의 반 : 1

⇒ 5 + 1 = 6

◎ 계산해 보세요.

1. $14 \div 2$

❶ $14 \div 2 = \square$

```
      □
   ─────
2 ) 1 4
   ─────
      □
```

❷ $14 \div 2 = \square$

10의 반 : □

4의 반 : □

⇒ □ + □ = □

2. 16 ÷ 2

❶ 16 ÷ 2 = ☐

```
      ☐
  2 ) 1 6
      ☐
      ☐
```

❷ 16 ÷ 2 = ☐

10의 반 : ☐

6의 반 : ☐

⇒ ☐ + ☐ = ☐

3. 18 ÷ 2

❶ 18 ÷ 2 = ☐

```
      ☐
  2 ) 1 8
      ☐
      ☐
```

❷ 18 ÷ 2 = ☐

10의 반 : ☐

8의 반 : ☐

⇒ ☐ + ☐ = ☐

2단계 ③ 규칙을 찾아서 계산하기 유형2

유형2 4로 나누기

어떤 수를 4로 나눌 때 여러가지 방법으로 계산해 봅시다.

방법 ⓪ 세로셈으로 계산하기

$12 \div 4 = 3$

```
        3
    ┌─────
  4 ) 1 2
      1 2
      ───
        0
```

방법 ① 반으로 계산하기

$12 \div 4 = 3$

10의 반 : 5

2의 반 : 1

⇒ 5 + 1 = 6

다시 반으로 나누기 :

⇒ $6 \div 2 = 3$

◎ 계산해 보세요.

1. 24 ÷ 4

❶ $24 \div 4 = \square$

```
        □
    ┌─────
  4 ) 2 4
      ───
        □
```

❷ $32 \div 4 = \square$

30의 반 : □

2의 반 : □

⇒ □ + □ = □

다시 반으로 나누기 :

⇒ □ ÷ □ = □

148

2. 28 ÷ 4

❶ 28 ÷ 4 = ☐

```
      ☐
   ┌─────
 4 ) 2 8
   ─────
     ☐
```

❷ 28 ÷ 4 = ☐

   20의 반 : ☐

   8의 반 : ☐

⇒ ☐ + ☐ = ☐

다시 반으로 나누기 :

⇒ ☐ ÷ ☐ = ☐

3. 36 ÷ 4

❶ 36 ÷ 4 = ☐

```
      ☐
   ┌─────
 4 ) 3 6
   ─────
     ☐
```

❷ 36 ÷ 4 = ☐

   30의 반 : ☐

   6의 반 : ☐

⇒ ☐ + ☐ = ☐

다시 반으로 나누기 :

⇒ ☐ ÷ ☐ = ☐

2단계 ③ 규칙을 찾아서 계산하기 유형3

 유형3 5로 나누기

어떤 수를 5로 나눌 때 여러가지 방법으로 계산해 봅시다.

💡 방법 ❶ 세로셈으로 계산하기

$20 ÷ 5 = 4$

```
       4
   ┌─────
 5 ) 2 0
     2 0
     ───
       0
```

💡 방법 ❷ 2배 이용하기

$20 ÷ 5 = 4$

20의 2배 : $20 × 2 = 40$

20의 2배에서 0 지우기 : 4

◎ 계산해 보세요.

1. $25 ÷ 5$

❶ $25 ÷ 5 = \boxed{}$

```
         □
     ┌─────
   5 ) 2 5
       □
       ───
         □
```

❷ $25 ÷ 5 = \boxed{}$

20의 2배 : $25 × 2 = \boxed{}$

25의 2배에서 0 지우기 : $\boxed{}$

2. 40 ÷ 5

❶ 40 ÷ 5 = ☐

```
      ☐
   ┌─────
5 )  4 0
     ───
      ☐
     ───
      ☐
```

❷ 40 ÷ 5 = ☐

40의 2배 : **40 × 2** = ☐

40의 2배에서 0 지우기 : ☐

3. 45 ÷ 5

❶ 45 ÷ 5 = ☐

```
      ☐
   ┌─────
5 )  4 5
     ───
      ☐
     ───
      ☐
```

❷ 45 ÷ 5 = ☐

45의 2배 : **45 × 2** = ☐

45의 2배에서 0 지우기 : ☐

2단계 ③ 규칙을 찾아서 계산하기 유형4

유형4 9로 나누기

어떤 수를 9로 나눌 때 여러가지 방법으로 계산해 봅시다.

방법 ⓪ 세로셈으로 계산하기

$27 \div 9 = 3$

```
      3
   ┌─────
9 ) 2 7
    2 7
   ─────
      0
```

방법 ③ 베다수학 9 나누기

$27 \div 9 = 3$

① 27의 십의 자리 숫자 : 2
② 27의 각 자리 숫자의 합 : 2 + 7 = 9
③ ②의 값을 9로 나누기 : 9 ÷ 9 = 1
④ ①, ③의 값 더하기 : 2 + 1 = 3

◎ 계산해 보세요.

1. $36 \div 9$

❶ $36 \div 9 = \square$

```
      □
   ┌─────
9 ) 3 6
   ─────
      □
```

❷ $36 \div 9 = \square$

① 36의 십의 자리 숫자 : □
② 36의 각 자리 숫자의 합 : □ + □ = □
③ ②의 값을 9로 나누기 : □ ÷ 9 = □
④ ①, ③의 값 더하기 : □ + □ = □

2. 54 ÷ 9

❶ 54 ÷ 9 = ☐

```
      ☐
   ┌────
 9 ) 5 4
   ────
      ☐
```

❷ 54 ÷ 9 = ☐

① 54의 십의 자리 숫자 : ☐
② 54의 각 자리 숫자의 합 : ☐ + ☐ = ☐
③ ②의 값을 9로 나누기 : ☐ ÷ 9 = ☐
④ ①, ③의 값 더하기 : ☐ + ☐ = ☐

3. 72 ÷ 9

❶ 72 ÷ 9 = ☐

```
      ☐
   ┌────
 9 ) 7 2
   ────
      ☐
```

❷ 72 ÷ 9 = ☐

① 72의 십의 자리 숫자 : ☐
② 72의 각 자리 숫자의 합 : ☐ + ☐ = ☐
③ ②의 값을 9로 나누기 : ☐ ÷ 9 = ☐
④ ①, ③의 값 더하기 : ☐ + ☐ = ☐

3. 규칙을 찾아서 계산하기

◎ 계산해 보세요.

① 8 ÷ 2 = ☐

② 10 ÷ 2 = ☐

③ 14 ÷ 2 = ☐

④ 16 ÷ 2 = ☐

⑤ 18 ÷ 2 = ☐

⑥ 12 ÷ 2 = ☐

⑦ 12 ÷ 4 = ☐

⑧ 16 ÷ 4 = ☐

⑨ 24 ÷ 4 = ☐

⑩ 32 ÷ 4 = ☐

⑪ 20 ÷ 4 = ☐

⑫ 36 ÷ 4 = ☐

3단계 ❸ 규칙을 찾아서 계산하기

⑬ 15 ÷ 5 = ☐

⑭ 20 ÷ 5 = ☐

⑮ 35 ÷ 5 = ☐

⑯ 30 ÷ 5 = ☐

⑰ 40 ÷ 5 = ☐

⑱ 45 ÷ 5 = ☐

⑲ 18 ÷ 9 = ☐

⑳ 36 ÷ 9 = ☐

㉑ 45 ÷ 9 = ☐

㉒ 54 ÷ 9 = ☐

㉓ 63 ÷ 9 = ☐

㉔ 81 ÷ 9 = ☐

4 나눗셈식에서 ■의 값 구하기

 **학습 목표**

단계	학습 의도	구분	학습 주제	관련 교과
1단계	**Basic Exercise** ■가 있는 나눗셈식에서 ■를 구하는 여러 가지 방법을 배웁니다.	방법1	덧셈으로 계산하기	
		방법2	곱셈식으로 바꾸어 계산하기	
		방법3	몫과 바꾸어서 계산하기	
2단계	**One Problem Multi Solution** 1단계에서 배운 여러 가지 방법을 토대로 ■가 있는 나눗셈식의 여러 가지 유형을 살펴봅니다.	유형1	■ ÷ (몇)의 계산	〈3-1〉 3.나눗셈
		유형2	(몇십 몇) ÷ ■의 계산	〈3-1〉 3.나눗셈
3단계	**Calculation Master** 앞에서 학습한 내용을 자유롭게 적용해 계산합니다.			

Basic Exercise

4 나눗셈식에서 ■의 값 구하기

Q1 □ 안에 알맞은 수를 써넣으세요.

방법 ① 덧셈으로 계산하기

① 8 ÷ ■ = 4
■를 4번 더하면 8이 됩니다.
■ + ■ + ■ + ■ = 8
■ = 2

② ■ ÷ 4 = 3
4를 3번 더하면 ■가 됩니다.
4 + 4 + 4 = 12
■ = 12

---

① 9 ÷ ■ = 3
■를 3번 더하면 9가 됩니다.
■ + ■ + ■ = 9
■ = □

③ ■ ÷ 2 = 7
2를 7번 더하면 ■가 됩니다.
2 + 2 + 2 + 2 + 2 + 2 + 2 = □
■ = □

② 15 ÷ ■ = 5
■를 5번 더하면 15가 됩니다.
■ + ■ + ■ + ■ + ■ = 15
■ = □

④ ■ ÷ 8 = 3
8을 3번 더하면 ■가 됩니다.
8 + 8 + 8 = □
■ = □

Q2 ☐ 안에 알맞은 수를 써넣으세요.

💡 방법 ❷ 곱셈식으로 바꾸어 계산하기

❶ 24 ÷ ■ = 4
⇒ 4 × ■ = 24
■ = 6

❷ ■ ÷ 8 = 4
⇒ 8 × 4 = ■
■ = 32

---

❶ 28 ÷ ■ = 4
⇒ 4 × ■ = 28
■ = ☐

❹ ■ ÷ 8 = 3
⇒ 8 × 3 = ■
■ = ☐

❷ 32 ÷ ■ = 8
⇒ 8 × ■ = 32
■ = ☐

❺ ■ ÷ 4 = 5
⇒ 4 × 5 = ■
■ = ☐

❸ 45 ÷ ■ = 9
⇒ 9 × ■ = 45
■ = ☐

❻ ■ ÷ 6 = 6
⇒ 6 × 6 = ■
■ = ☐

Q3 ☐ 안에 알맞은 수를 써넣으세요.

> 💡 **방법 ❸** 몫과 바꾸어서 계산하기
>
> ❶ 27 ÷ ■ = 3　　　❷ 28 ÷ ■ = 7
> ⇒ 27 ÷ 3 = ■　　　⇒ 28 ÷ 7 = ■
> 　　■ = 9　　　　　　■ = 4

❶ 32 ÷ ■ = 4
⇒ 32 ÷ 4 = ■
　　■ = ☐

❹ 16 ÷ ■ = 4
⇒ 16 ÷ 4 = ■
　　■ = ☐

❷ 10 ÷ ■ = 2
⇒ 10 ÷ 2 = ■
　　■ = ☐

❺ 24 ÷ ■ = 6
⇒ 24 ÷ 6 = ■
　　■ = ☐

❸ 14 ÷ ■ = 7
⇒ 14 ÷ 7 = ■
　　■ = ☐

❻ 36 ÷ ■ = 6
⇒ 36 ÷ 6 = ■
　　■ = ☐

4 나눗셈식에서 ■의 값 구하기

One Problem Multi Solution — 2단계

유형1 ■ ÷ (몇)의 계산

■ ÷ (몇)에서 여러 가지 방법으로 ■을 구해 봅시다.

방법 ① 덧셈으로 계산하기

■ ÷ 7 = 2

7을 2번 더하면 ■가 됩니다.
7 + 7 = 14
■ = 14

방법 ② 곱셈식으로 바꾸어 계산하기

■ ÷ 7 = 2
⇒ 7 × 2 = ■
■ = 14

◎ ■를 구해 보세요.

1. ■ ÷ 4 = 6

① ■ ÷ 4 = 6

4를 ☐번 더하면 ■가 됩니다.
4 + 4 + 4 + 4 + 4 + 4 = ☐
■ = ☐

② ■ ÷ 4 = 6
⇒ ☐ × ☐ = ■
■ = ☐

2. ■ ÷ 8 = 2

❶ ■ ÷ 8 = 2

8을 ☐ 번 더하면 ■ 가 됩니다.

8 + 8 = ☐

■ = ☐

❷ ■ ÷ 8 = 2

⇒ ☐ × ☐ = ■

■ = ☐

3. ■ ÷ 3 = 6

❶ ■ ÷ 3 = 6

3을 ☐ 번 더하면 ■ 가 됩니다.

3 + 3 + 3 + 3 + 3 + 3 = ☐

■ = ☐

❷ ■ ÷ 3 = 6

⇒ ☐ × ☐ = ■

■ = ☐

2단계 ④ 나눗셈식에서 ■의 값 구하기 유형2

유형2 (몇십 몇) ÷ ■의 계산

■÷(몇십 몇)에서 여러 가지 방법으로 ■을 구해 봅시다.

방법 ② 곱셈식으로 바꾸어서 계산하기

$25 ÷ ■ = 5$
$⇒ 5 × ■ = 25$
$■ = 5$

방법 ③ 몫과 바꾸어서 계산하기

$25 ÷ ■ = 5$
$⇒ 25 ÷ 5 = ■$
$■ = 5$

◎ ■를 구해 보세요.

1. $21 ÷ ■ = 3$

❶ $21 ÷ ■ = 3$
$⇒ 3 × ■ = 21$
$■ = \boxed{}$

❷ $21 ÷ ■ = 3$
$⇒ 21 ÷ 3 = ■$
$■ = \boxed{}$

2. $35 ÷ ■ = 7$

❶ $35 ÷ ■ = 7$

⇒ $7 × ■ = 35$

　　$■ = \boxed{}$

❷ $35 ÷ ■ = 7$

⇒ $35 ÷ 7 = ■$

　　$■ = \boxed{}$

3. $42 ÷ ■ = 6$

❶ $42 ÷ ■ = 6$

⇒ $6 × ■ = 42$

　　$■ = \boxed{}$

❷ $42 ÷ ■ = 6$

⇒ $42 ÷ 6 = ■$

　　$■ = \boxed{}$

4. 나눗셈식에서 ■의 값 구하기

3단계

Calculation Master

◎ 계산해 보세요.

① 8 ÷ ■ = 2
■ = ☐

② 12 ÷ ■ = 3
■ = ☐

③ 16 ÷ ■ = 4
■ = ☐

④ 18 ÷ ■ = 2
■ = ☐

⑤ 18 ÷ ■ = 6
■ = ☐

⑥ 21 ÷ ■ = 7
■ = ☐

⑦ ■ ÷ 3 = 9
■ = ☐

⑧ ■ ÷ 3 = 8
■ = ☐

⑨ ■ ÷ 2 = 9
■ = ☐

⑩ ■ ÷ 4 = 7
■ = ☐

⑪ ■ ÷ 5 = 6
■ = ☐

⑫ ■ ÷ 5 = 9
■ = ☐

3단계 ④ 나눗셈식에서 ■의 값 구하기

⑬ 24 ÷ ■ = 3
■ = ☐

⑭ 36 ÷ ■ = 9
■ = ☐

⑮ 42 ÷ ■ = 7
■ = ☐

⑯ 45 ÷ ■ = 5
■ = ☐

⑰ 56 ÷ ■ = 8
■ = ☐

⑱ 54 ÷ ■ = 9
■ = ☐

⑲ ■ ÷ 6 = 2
■ = ☐

⑳ ■ ÷ 6 = 5
■ = ☐

㉑ ■ ÷ 7 = 5
■ = ☐

㉒ ■ ÷ 7 = 8
■ = ☐

㉓ ■ ÷ 8 = 6
■ = ☐

㉔ ■ ÷ 9 = 7
■ = ☐

1 (몇) × (몇) 계산하기

 학습 목표

단계	학습 의도	구분	학습 주제	관련 교과
1단계	**Basic Exercise** (몇)×(몇)을 계산하는 여러 가지 방법을 배웁니다.	방법1	묶어 세기	
		방법2	덧셈식을 곱셈식으로 나타내기	
		방법3	덧셈식으로 계산하기	
		방법4	뛰어 세기로 계산하기	
		방법5	몇 배를 곱으로 나타내기	
		방법6	앞뒤를 바꾸어서 계산하기	
		방법7	곱셈구구표로 계산하기	
2단계	**One Problem Multi Solution** 1단계에서 배운 여러 가지 방법을 토대로 (몇)×(몇)의 여러 가지 유형을 계산합니다.	유형1	곱셈 알기	〈2-1〉 6.곱셈
		유형2	몇 배 알기	〈2-1〉 6.곱셈
		유형3	2의 단 곱셈구구	〈2-2〉 2.곱셈구구
		유형4	5의 단 곱셈구구	〈2-2〉 2.곱셈구구
		유형5	3의 단 곱셈구구	〈2-2〉 2.곱셈구구
		유형6	4의 단 곱셈구구	〈2-2〉 2.곱셈구구
		유형7	6의 단 곱셈구구	〈2-2〉 2.곱셈구구
		유형8	7의 단 곱셈구구	〈2-2〉 2.곱셈구구
		유형9	8의 단 곱셈구구	〈2-2〉 2.곱셈구구
		유형10	9의 단 곱셈구구	〈2-2〉 2.곱셈구구
		유형11	1의 단 곱셈구구	〈2-2〉 2.곱셈구구
		유형12	0이 있는 곱셈	〈2-2〉 2.곱셈구구
		유형13	곱셈구구표에서 규칙 찾기	〈2-2〉 2.곱셈구구
3단계	**Calculation Master** 앞에서 학습한 내용을 자유롭게 적용해 계산합니다.			

Basic Exercise

1 (몇)×(몇) 계산하기

1 단계

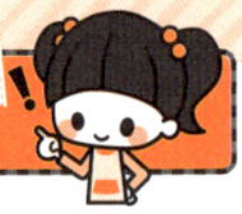

Q1 그림을 ◯로 묶고, □ 안에 알맞은 수를 써넣으세요.

방법 ❶ 묶어 세기

❶ 2 개씩 [2] 묶음
2 × [2] = [4]

❷ 3 개씩 [2] 묶음
2 × [4] = [12]

❶ 2 개씩 [3] 묶음
2 × [3] = [6]

해설 그림에서 2개씩 묶으면 3묶음이 나옵니다. 2개씩 3묶음은 2×3으로 나타냅니다.

❷ 3 개씩 [2] 묶음
3 × [2] = [6]

해설 그림에서 3개씩 묶으면 2묶음이 나옵니다. 3개씩 2묶음은 3×2으로 나타냅니다.

❸ 3 개씩 [3] 묶음
3 × [3] = [9]

해설 그림에서 3개씩 묶으면 3묶음이 나옵니다. 3개씩 3묶음은 3×3으로 나타냅니다.

❹ 5 개씩 [2] 묶음
5 × [2] = [10]

해설 그림에서 5개씩 묶으면 2묶음이 나옵니다. 5개씩 2묶음은 5×2으로 나타냅니다.

Q2 묶은 그림을 보고, □ 안에 알맞은 수를 써넣으세요.

방법 ❷ 덧셈식을 곱셈식으로 나타내기

❶ 덧셈식 : 2 + 2 = [4]
곱셈식 : 2 × [2] = [4]

❷ 덧셈식 : [4] + [4] + [4] = [12]
곱셈식 : 4 × [3] = [12]

❶ 덧셈식 : 2 + [2] + [2] = [6]
곱셈식 : 2 × [3] = [6]

해설 묶은 그림을 보면 2개씩 3묶음이므로 덧셈식은 2+2+2로, 곱셈식은 2×3으로 나타냅니다.

❷ 덧셈식 : 3 + [3] = [6]
곱셈식 : 3 × [2] = [6]

해설 묶은 그림을 보면 3개씩 2묶음이므로 덧셈식은 3+3로, 곱셈식은 3×2으로 나타냅니다.

❸ 덧셈식 : 3 + [3] + [3] = [9]
곱셈식 : 3 × [3] = [9]

해설 묶은 그림을 보면 3개씩 3묶음이므로 덧셈식은 3+3+3로, 곱셈식은 3×3으로 나타냅니다.

❹ 덧셈식 : 4 + [4] = [8]
곱셈식 : 4 × [2] = [8]

해설 묶은 그림을 보면 4개씩 2묶음이므로 덧셈식은 4+4로, 곱셈식은 4×2으로 나타냅니다.

Q3 □ 안에 알맞은 수를 써넣으세요.

방법 ❸ 덧셈식으로 계산하기

❶ 4 × 2 = 4 + [4]
= [8]

❷ 2 × 3 = 2 + 2 + [2]
= [6]

❶ 3 × 3 = 3 + 3 + [3]
= [9]

해설 3×3은 3을 3번 더해 주는 것이므로 3+3+3으로 바꿀 수 있습니다.

❷ 2 × 4 = 2 + 2 + 2 + [2]
= [8]

해설 2×4는 2를 4번 더해 주는 것이므로 2+2+2+2로 바꿀 수 있습니다.

❸ 4 × 3 = 4 + 4 + [4]
= [12]

해설 4×3은 4를 3번 더해 주는 것이므로 4+4+4로 바꿀 수 있습니다.

❹ 5 × 2 = 5 + [5]
= [10]

해설 5×2는 5를 2번 더해 주는 것이므로 5+5로 바꿀 수 있습니다.

❺ 6 × 3 = 6 + 6 + [6]
= [18]

해설 6×3은 6을 3번 더해 주는 것이므로 6+6+6으로 바꿀 수 있습니다.

❻ 7 × 4 = 7 + 7 + 7 + [7]
= [28]

해설 7×4는 7을 4번 더해 주는 것이므로 7+7+7+7로 바꿀 수 있습니다.

Q4 □ 안에 알맞은 수를 써넣으세요.

방법 ❹ 뛰어 세기로 계산하기

❶ 3 3 3 / 0 3 6 [9]
3 × 3 = [9]

❷ 2 2 2 2 / 0 2 4 [6] [8]
2 × 4 = [8]

❶ 2 2 2 / 0 2 4 [6]
2 × 3 = [6]

해설 2씩 3번 뛰어 세었으므로 2×3이고 마지막 수는 6입니다.

❷ 3 3 3 3 / 0 3 6 9 [12]
3 × 4 = [12]

해설 3씩 4번 뛰어 세었으므로 3×4이고 마지막 수는 12입니다.

❸ 2 2 2 2 2 / 0 2 4 [6] [8] [10]
2 × 5 = [10]

해설 2씩 5번 뛰어 세었으므로 2×5이고 마지막 수는 10입니다.

❹ 4 4 4 / 0 4 8 [12]
4 × 3 = [12]

해설 4씩 3번 뛰어 세었으므로 4×3이고 마지막 수는 12입니다.

❺ 5 5 5 / 0 5 [10] [15]
5 × 3 = [15]

해설 5씩 3번 뛰어 세었으므로 5×3이고 마지막 수는 15입니다.

❻ 6 6 6 6 / 0 6 12 [18] [24]
6 × 4 = [24]

해설 6씩 4번 뛰어 세었으므로 6×4이고 마지막 수는 24입니다.

Q5 빈칸에 알맞은 수를 써넣으세요.

방법 ⑤ 몇 배를 곱으로 나타내기

❶ 2의 3배
2 × 3 = 6

❷ 3의 4배
3 × 4 = 12

❶ 2의 4배
2 × 4 = 8
해설 2의 4배는 2에 4를 곱한 것이므로 8입니다.

❹ 5의 2배
5 × 2 = 10
해설 5의 2배는 5에 2를 곱한 것이므로 10입니다.

❷ 4의 2배
4 × 2 = 8
해설 4의 2배는 4에 2를 곱한 것이므로 8입니다.

❺ 6의 3배
6 × 3 = 18
해설 6의 3배는 6에 3을 곱한 것이므로 18입니다.

❸ 4의 3배
4 × 3 = 12
해설 4의 3배는 4에 3을 곱한 것이므로 12입니다.

❻ 7의 3배
7 × 3 = 21
해설 7의 3배는 7에 3을 곱한 것이므로 21입니다.

Q6 □ 안에 알맞은 수를 써넣으세요.

방법 ⑥ 앞뒤를 바꾸어서 계산하기

❶ 4 × 2 = 2 × 4 = 8

❷ 3 × 2 = 2 × 3 = 6

❶ 4 × 3 = 3 × 4 = 12
해설 4×3에서 두 수를 바꿔 곱해도 결과는 달라지지 않습니다.

❹ 7 × 3 = 3 × 7 = 21
해설 7×3에서 두 수를 바꿔 곱해도 결과는 달라지지 않습니다.

❷ 5 × 3 = 3 × 5 = 15
해설 5×3에서 두 수를 바꿔 곱해도 결과는 달라지지 않습니다.

❺ 4 × 8 = 8 × 4 = 32
해설 4×8에서 두 수를 바꿔 곱해도 결과는 달라지지 않습니다.

❸ 4 × 6 = 6 × 4 = 24
해설 4×6에서 두 수를 바꿔 곱해도 결과는 달라지지 않습니다.

❻ 3 × 8 = 8 × 3 = 24
해설 3×8에서 두 수를 바꿔 곱해도 결과는 달라지지 않습니다.

Q7 빈칸에 알맞은 수를 써넣으세요.

방법 ⑦ 곱셈구구표로 계산하기

❶
×	2	3	4	5
2	4	6	8	10

❷
×	3
2	6
3	9
4	12
5	15
6	18

❶
×	5	6	7	8	9
3	15	18	21	24	27

해설 오른쪽 한 칸씩 3씩 커지므로 21-24-27이 됩니다.

❸
×	6
3	18
4	24
5	30
6	36
7	42

해설 아래쪽 한 칸씩 6씩 커지므로 18-24-30-36-42가 됩니다.

❷
×	2	3	4	5	6
5	10	15	20	25	30

해설 오른쪽 한 칸씩 5씩 커지므로 20-25-30이 됩니다.

×	7
3	21
4	28
5	35
6	42
7	49

해설 아래쪽 한 칸씩 7씩 커지므로 28-35-42-49가 됩니다.

One Problem Multi Solution

1 (몇) × (몇) 계산하기 2단계

유형1 곱셈 알기

곱셈의 개념을 알고 덧셈식과 뛰어 세기, 곱셈구구표를 이용해 계산해 봅시다.

방법 ❸ 덧셈식으로 계산하기

2 × 6 = 2 + 2 + 2 + 2 + 2 + 2
= 12

방법 ❹ 뛰어 세기로 계산하기

2 × 6 = 12

방법 ❼ 곱셈구구표로 계산하기

×	1	2	3	4	5	6
2	2	4	6	8	10	12

2 × 6 = 12

◎ 계산해 보세요.

1. 3 × 5

❶ 3 × 5 = 3 + 3 + 3 + 3 + 3
= 15

해설 3×5는 3을 5번 더해 주는 것입니다.

❷ 3 × 5 = 15

해설 3씩 5번 뛰어 세었으므로 9-12-15가 되어 마지막 수는 15가 됩니다.

❸
×	1	2	3	4	5
3	3	6	9	12	15

3 × 5 = 15

해설 오른쪽 한 칸씩 3씩 커지므로 12-15가 됩니다.

2단계 ① (몇) × (몇) 계산하기 유형2

2. 4 × 6

① $4 \times 6 = 4 + 4 + 4 + 4 + 4 + 4$
  $= \boxed{24}$

해설 4×6은 4를 6번 더해 주는 것이므로 4+4+4+4+4+4로 바꿀 수 있습니다.

② $4 \times 6 = \boxed{24}$

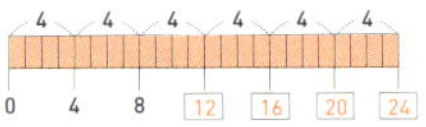

해설 4씩 6번 뛰어 세었으므로 8-12-16-20-24가 됩니다.

③
×	1	2	3	4	5	6
4	4	8	12	16	20	24

$4 \times 6 = \boxed{24}$

해설 오른쪽 한 칸씩은 4씩 커지므로 16-20-24가 됩니다.

3. 7 × 3

① $7 \times 3 = 7 + 7 + 7$
  $= \boxed{21}$

해설 7×3은 7을 3번 더해 주는 것이므로 7+7+7로 바꿀 수 있습니다.

② $7 \times 3 = \boxed{21}$

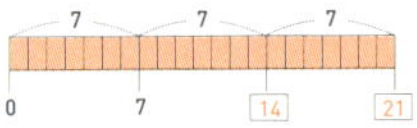

해설 7씩 3번 뛰어 세었으므로 7-14-21이 되어 마지막 수는 21이 됩니다.

③
×	1	2	3
7	7	14	21

$7 \times 3 = \boxed{21}$

해설 오른쪽 한 칸씩 커지므로 7씩 커지므로 14-21이 됩니다.

유형2 몇 배 알기

어떤 수의 몇 배를 다양한 방법으로 계산해 봅시다.

방법 ③ 덧셈으로 계산하기

$9 = 3 + 3 + 3$

→ 9는 3을 3번 더했으므로 3의 3배입니다.

방법 ④ 뛰어 세기로 계산하기

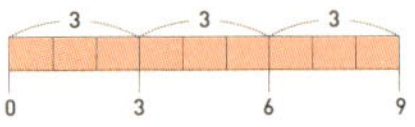

→ 9는 3씩 3번 뛰어 세었기 때문에 3의 3배입니다.

방법 ⑦ 곱셈구구표로 계산하기

×	1	2	3
3	3	6	9

→ 9는 3의 3배입니다.

◎ 계산해 보세요.

1. 12는 2의 몇 배

① $12 = 2 + 2 + 2 + 2 + \boxed{2} + 2$

→ 12는 2를 $\boxed{6}$ 번 더했으므로 2의 $\boxed{6}$ 배입니다.

해설 2를 6번 더하면 12가 되므로 12는 2의 6배입니다.

②
(수직선: 0 2 4 6 8 10 12)

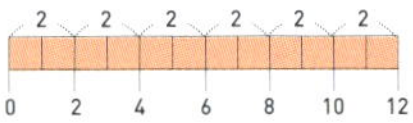

→ 12는 2씩 $\boxed{6}$ 번 뛰어 세었기 때문에 2의 $\boxed{6}$ 배입니다.

해설 2씩 6번 뛰어 세어서 12가 되므로 12는 2의 6배입니다.

③
×	1	2	3	4	5	6
2	2	4	6	8	10	12

→ 12는 2의 $\boxed{6}$ 배입니다.

해설 2의 단 곱셈구구표에서 6칸을 이동하면 12가 나오므로 12는 2의 6배입니다.

2단계 ① (몇) × (몇) 계산하기 유형3

2. 12는 3의 몇 배

① $12 = 3 + 3 + \boxed{3} + \boxed{3}$

→ 12는 3을 $\boxed{4}$ 번 더했으므로 3의 $\boxed{4}$ 배입니다.

해설 3에 대해서 12가 될 때까지 몇 번 더했는지를 구하면 됩니다.

② (수직선: 0 3 6 9 12)

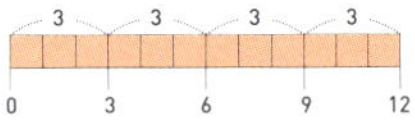

→ 12는 3을 $\boxed{4}$ 번 뛰어 세었기 때문에 3의 $\boxed{4}$ 배입니다.

해설 3씩 뛰어 세기를 해서 12가 될 때 몇 번 뛰어 세었는지를 구하면 됩니다.

③
×	1	2	3	4
3	3	6	9	12

→ 12는 3의 $\boxed{4}$ 배입니다.

해설 3의 단 곱셈구구표에서 4칸을 이동했을 때 12가 나오므로 12는 3의 4배입니다.

3. 16은 4의 몇 배

① $16 = 4 + 4 + \boxed{4} + \boxed{4}$

→ 16은 4를 $\boxed{4}$ 번 더했으므로 4의 $\boxed{4}$ 배입니다.

해설 4씩 더해서 16이 될 때까지 몇 번 더했는지를 구하면 됩니다.

② (수직선: 0 4 8 12 16)

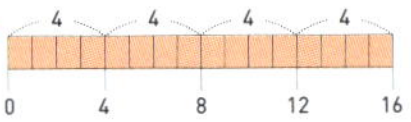

→ 16은 4를 $\boxed{4}$ 번 뛰어 세었기 때문에 4의 $\boxed{4}$ 배입니다.

해설 4씩 뛰어 세기를 해서 16이 될 때 몇 번 뛰어 세었는지를 구하면 됩니다.

③
×	1	2	3	4
4	4	8	12	16

→ 16은 4의 $\boxed{4}$ 배입니다.

해설 4의 단 곱셈구구표에서 4칸을 이동했을 때 16이 나오므로 16은 4의 4배입니다.

유형3 2의 단 곱셈구구

2의 단 곱셈구구를 익히고, 여러 가지 방법으로 계산해 봅시다.

방법 ③ 덧셈식으로 계산하기

$2 \times 3 = 2 + 2 + 2 = 6$

방법 ④ 뛰어 세기로 계산하기

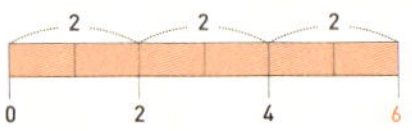

$2 \times 3 = 6$

방법 ⑦ 곱셈구구표로 계산하기

×	1	2	3
2	2	4	6

$2 \times 3 = 6$

◎ 계산해 보세요.

1. 2 × 4

① $2 \times 4 = 2 + 2 + 2 + 2$
  $= \boxed{8}$

해설 2×4는 2를 4번 더하면 됩니다.

② $2 \times 4 = \boxed{8}$

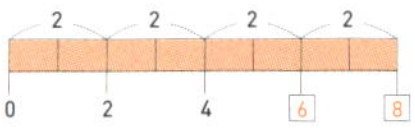

해설 2씩 4번 뛰어 세면 8이 됩니다.

③
×	1	2	3	4
2	2	4	6	8

$2 \times 4 = \boxed{8}$

해설 2의 단 곱셈구구표에서 4번째 있는 수는 8입니다.

2단계 ❶ (몇) × (몇) 계산하기 유형4

2. 2 × 7
❶ 2×7=2+2+2+2+2+2+2
   = 14

해설 2×7은 2를 7번 더하면 됩니다.

❷ 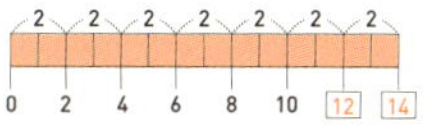 2 × 7 = 14

해설 2씩 7번 뛰어 세면 14입니다.

❸
×	1	2	3	4	5	6	7
2	2	4	6	8	10	12	14

2 × 7 = 14

해설 2의 단 곱셈구구표는 2씩 커지므로 6-8-10-12-14입니다. 7번째는 14입니다.

3. 2 × 9
❶ 2×9=2+2+2+2+2+2+2+2+2
   = 18

해설 2×9는 2를 9번 더하면 됩니다.

❷ 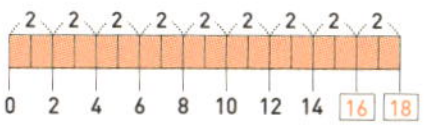 2 × 9 = 18

해설 2씩 9번 뛰어 세면 18입니다.

❸
×	1	2	3	4	5	6	7	8	9
2	2	4	6	8	10	12	14	16	18

2 × 9 = 18

해설 2의 단 곱셈구구표는 2씩 커지므로 6-8-10-12-14-16-18입니다. 9번째는 18입니다.

유형4 5의 단 곱셈구구
5의 단 곱셈구구를 익히고, 여러 가지 방법으로 계산해 봅시다.

방법 ❸ 덧셈식으로 계산하기

5 × 3 = 5 + 5 + 5 = 15

방법 ❹ 뛰어 세기로 계산하기

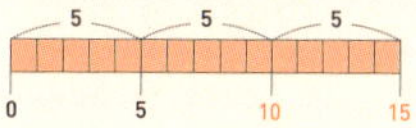

5 × 3 = 15

방법 ❼ 곱셈구구표로 계산하기

×	1	2	3
5	5	10	15

5 × 3 = 15

◎ 계산해 보세요.

1. 5 × 5
❶ 5 × 5 = 5 + 5 + 5 + 5 + 5
   = 25

해설 5×5는 5를 5번 더하면 됩니다.

❷ 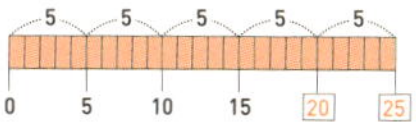 5 × 5 = 25

해설 5씩 5번 뛰어 세면 25입니다.

❸
×	1	2	3	4	5
5	5	10	15	20	25

5 × 5 = 25

해설 5의 단 곱셈구구표는 5씩 커지므로 15-20-25입니다. 5번째는 25입니다.

2단계 ❶ (몇) × (몇) 계산하기 유형5

2. 5 × 6
❶ 5×6=5+5+5+5+5+5
   = 30

해설 5×6은 5를 6번 더하면 됩니다.

❷ 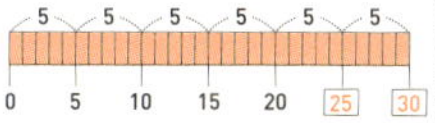 5 × 6 = 30

해설 5씩 6번 뛰어 세면 30입니다.

❸
×	1	2	3	4	5	6
5	5	10	15	20	25	30

5 × 6 = 30

해설 5의 단 곱셈구구표는 5씩 커지므로 15-20-25-30입니다. 6번째는 30입니다.

3. 5 × 8
❶ 5×8=5+5+5+5+5+5+5+5
   = 40

해설 5×8은 5를 8번 더하면 됩니다.

❷ 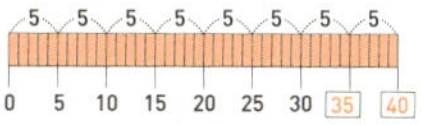 5 × 8 = 40

해설 5씩 8번 뛰어 세면 40입니다.

❸
×	1	2	3	4	5	6	7	8
5	5	10	15	20	25	30	35	40

5 × 8 = 40

해설 5의 단 곱셈구구표는 5씩 커지므로 15-20-25-30-35-40입니다. 8번째는 40입니다.

유형5 3의 단 곱셈구구
3의 단 곱셈구구를 익히고, 여러 가지 방법으로 계산해 봅시다.

방법 ❸ 덧셈식으로 계산하기

3 × 4 = 3 + 3 + 3 + 3 = 12

방법 ❹ 뛰어 세기로 계산하기

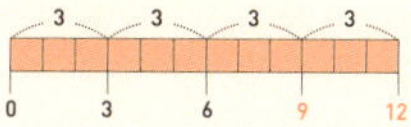

3 × 4 = 12

방법 ❼ 곱셈구구표로 계산하기

×	1	2	3	4
3	3	6	9	12

3 × 4 = 12

◎ 계산해 보세요.

1. 3 × 5
❶ 3 × 5 = 3 + 3 + 3 + 3 + 3
   = 15

해설 3×5는 3을 5번 더하면 됩니다.

❷ 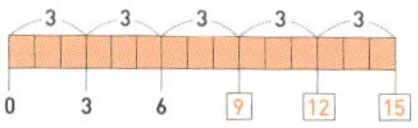 3 × 5 = 15

해설 3씩 5번 뛰어 세면 15입니다.

❸
×	1	2	3	4	5
3	3	6	9	12	15

3 × 5 = 15

해설 3의 단 곱셈구구표는 3씩 커지므로 9-12-15입니다. 5번째는 15입니다.

2. 3 × 6

❶ 3 × 6 = 3 + 3 + 3 + 3 + 3 + 3
    = 18

해설 3×6은 3을 6번 더하면 됩니다.

❷ 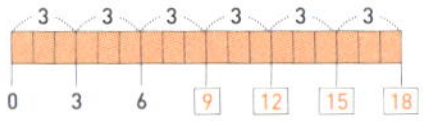 3 × 6 = 18

해설 3씩 6번 뛰어 세면 18입니다.

❸
×	1	2	3	4	5	6
3	3	6	9	12	15	18

3 × 6 = 18

해설 3의 단 곱셈구구표는 3씩 커지므로 12-15-18입니다. 6번째는 18입니다.

3. 3 × 7

❶ 3 × 7 = 3 + 3 + 3 + 3 +
    3 + 3 + 3
    = 21

해설 3×7은 3을 7번 더하면 됩니다.

❷ 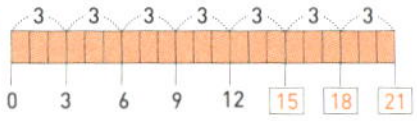 3 × 7 = 21

해설 3씩 7번 뛰어 세면 21입니다.

❸
×	1	2	3	4	5	6	7
3	3	6	9	12	15	18	21

3 × 7 = 21

해설 3의 단 곱셈구구표는 3씩 커지므로 9-12-15-18-21입니다. 7번째는 21입니다.

2단계 ❶ (몇) × (몇) 계산하기 유형6

유형6 4의 단 곱셈구구

4의 단 곱셈구구를 익히고, 여러 가지 방법으로 계산해 봅시다.

방법 ❸ 덧셈식으로 계산하기

4 × 3 = 4 + 4 + 4 = 12

방법 ❹ 뛰어 세기로 계산하기

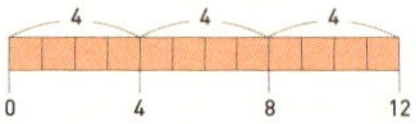

4 × 3 = 12

방법 ❼ 곱셈구구표로 계산하기

×	1	2	3
4	4	8	12

4 × 3 = 12

◎ 계산해 보세요.

1. 4 × 2

❶ 4 × 2 = 4 + 4
    = 8

해설 4×2는 4를 2번 더하면 됩니다.

❷ 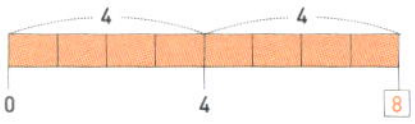 4 × 2 = 8

해설 4씩 2번 뛰어 세면 8입니다.

❸
×	1	2
4	4	8

4 × 2 = 8

해설 4의 단 곱셈구구표는 4씩 커지므로 4-8입니다. 2번째는 8입니다.

---

2. 4 × 5

❶ 4 × 5 = 4 + 4 + 4 + 4 + 4
    = 20

해설 4×5는 4를 5번 더하면 됩니다.

❷ 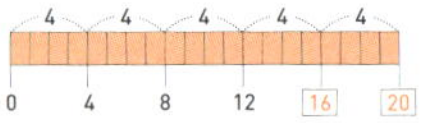 4 × 5 = 20

해설 4씩 5번 뛰어 세면 20입니다.

❸
×	1	2	3	4	5
4	4	8	12	16	20

4 × 5 = 20

해설 4의 단 곱셈구구표는 4씩 커지므로 12-16-20입니다. 5번째는 20입니다.

3. 4 × 6

❶ 4 × 6 = 4 + 4 + 4 + 4 + 4 + 4
    = 24

해설 4×6은 4를 6번 더하면 됩니다.

❷ 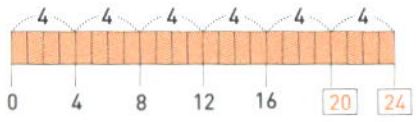 4 × 6 = 24

해설 4씩 6번 뛰어 세면 24입니다.

❸
×	1	2	3	4	5	6
4	4	8	12	16	20	24

4 × 6 = 24

해설 4의 단 곱셈구구표는 4씩 커지므로 12-16-20-24입니다. 6번째는 24입니다.

2단계 ❶ (몇) × (몇) 계산하기 유형7

유형7 6의 단 곱셈구구

6의 단 곱셈구구를 익히고, 여러 가지 방법으로 계산해 봅시다.

방법 ❸ 덧셈식으로 계산하기

6 × 2 = 6 + 6 = 12

방법 ❹ 뛰어 세기로 계산하기

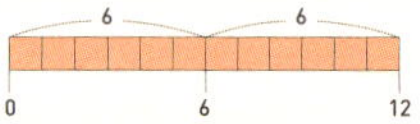

6 × 2 = 12

방법 ❼ 곱셈구구표로 계산하기

×	1	2
6	6	12

6 × 2 = 12

◎ 계산해 보세요.

1. 6 × 3

❶ 6 × 3 = 6 + 6 + 6
    = 18

해설 6×3은 6을 3번 더하면 됩니다.

❷ 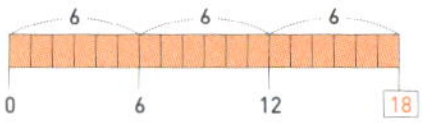 6 × 3 = 18

해설 6씩 3번 뛰어 세면 18입니다.

❸
×	1	2	3
6	6	12	18

6 × 3 = 18

해설 6의 단 곱셈구구표는 6씩 커지므로 6-12-18입니다. 3번째는 18입니다.

2단계 ① (몇) × (몇) 계산하기 유형8

유형8 7의 단 곱셈구구

7의 단 곱셈구구를 익히고, 여러 가지 방법으로 계산해 봅시다.

방법 ③ 덧셈식으로 계산하기

$7 \times 3 = 7 + 7 + 7 = 21$

방법 ④ 뛰어 세기로 계산하기

$7 \times 3 = 21$

방법 ⑦ 곱셈구구표로 계산하기

×	1	2	3
7	7	14	21

$7 \times 3 = 21$

◎ 계산해 보세요.

1. 7 × 5

❶ $7 \times 5 = 7 + 7 + 7 + 7 + 7$
　　　$= 35$

해설 7×5는 7을 5번 더하면 됩니다.

❷ $7 \times 5 = 35$

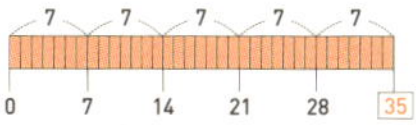

해설 7씩 5번 뛰어 세면 35입니다.

❸
×	1	2	3	4	5
7	7	14	21	28	35

$7 \times 5 = 35$

해설 7의 단 곱셈구구표는 7씩 커지므로 21-28-35입니다. 5번째는 35입니다.

2. 6 × 7

❶ $6 \times 7 = 6+6+6+6+6+6+6$
　　　$= 42$

해설 6×7은 6을 7번 더하면 됩니다.

❷
$6 \times 7 = 42$

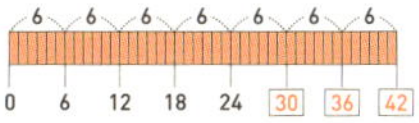

해설 6씩 7번 뛰어 세면 42입니다.

❸
×	1	2	3	4	5	6	7
6	6	12	18	24	30	36	42

$6 \times 7 = 42$

해설 6의 단 곱셈구구표는 6씩 커지므로 18-24-30-36-42입니다. 7번째는 42입니다.

3. 6 × 8

❶ $6 \times 8 = 6+6+6+6+6+6+6+6+6+6$
　　　$= 48$

해설 6×8은 6을 8번 더하면 됩니다.

❷
$6 \times 8 = 48$

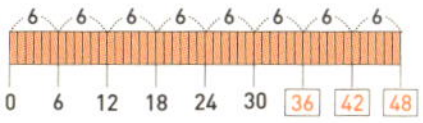

해설 6씩 8번 뛰어 세면 48입니다.

❸
×	1	2	3	4	5	6	7	8
6	6	12	18	24	30	36	42	48

$6 \times 8 = 48$

해설 6의 단 곱셈구구표는 6씩 커지므로 18-24-30-36-42-48입니다. 8번째는 48입니다.

2단계 ① (몇) × (몇) 계산하기 유형9

유형9 8의 단 곱셈구구

8의 단 곱셈구구를 익히고, 여러 가지 방법으로 계산해 봅시다.

방법 ③ 덧셈식으로 계산하기

$8 \times 2 = 8 + 8 = 16$

방법 ④ 뛰어 세기로 계산하기

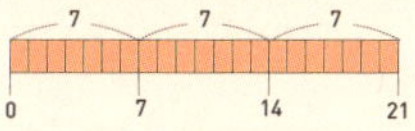

$8 \times 2 = 16$

방법 ⑦ 곱셈구구표로 계산하기

×	1	2
8	8	16

$8 \times 2 = 16$

◎ 계산해 보세요.

1. 8 × 3

❶ $8 \times 3 = 8 + 8 + 8$
　　　$= 24$

해설 8×3은 8을 3번 더하면 됩니다.

❷ $8 \times 3 = 24$

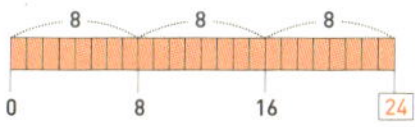

해설 8씩 3번 뛰어 세면 24입니다.

❸
×	1	2	3
8	8	16	24

$8 \times 3 = 24$

해설 8의 단 곱셈구구표는 8씩 커지므로 8-16-24입니다. 3번째는 24입니다.

2. 7 × 6

❶ $7 \times 6 = 7+7+7+7+7+7$
　　　$= 42$

해설 7×6은 7을 6번 더하면 됩니다.

❷
$7 \times 6 = 42$

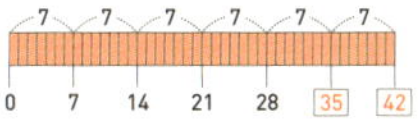

해설 7씩 6번 뛰어 세면 42입니다.

❸
×	1	2	3	4	5	6
7	7	14	21	28	35	42

$7 \times 6 = 42$

해설 7의 단 곱셈구구표는 7씩 커지므로 21-28-35-42입니다. 6번째는 42입니다.

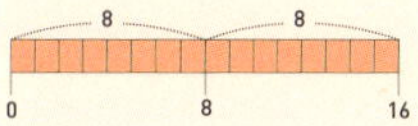

3. 7 × 7

❶ $7 \times 7 = 7+7+7+7+7+7+7$
　　　$= 49$

해설 7×7은 7을 7번 더하면 됩니다.

❷ 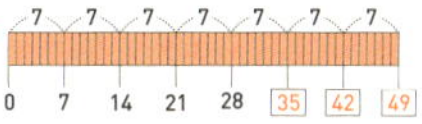
$7 \times 7 = 49$

해설 7씩 7번 뛰어 세면 49입니다.

❸
×	1	2	3	4	5	6	7
7	7	14	21	28	35	42	49

$7 \times 7 = 49$

해설 7의 단 곱셈구구표는 7씩 커지므로 21-28-35-42-49입니다. 7번째는 49입니다.

2단계 ① (몇) × (몇) 계산하기 유형10

2. 8 × 4

① 8 × 4 = 8 + 8 + 8 + 8
   = 32

해설 8×4는 8을 4번 더하면 됩니다.

② 8 × 4 = 32

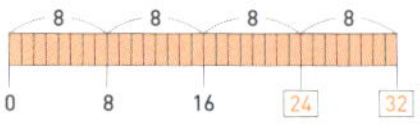

해설 8씩 4번 뛰어 세면 32입니다.

③
×	1	2	3	4
8	8	16	24	32

8 × 4 = 32

해설 8의 단 곱셈구구표는 8씩 커지므로 16-24-32 입니다. 4번째는 32입니다.

3. 8 × 8

① 8 × 8 = 8 + 8 + 8 + 8 + 8 + 8 + 8 + 8
   = 64

해설 8×8은 8을 8번 더하면 됩니다.

② 8 × 8 = 64

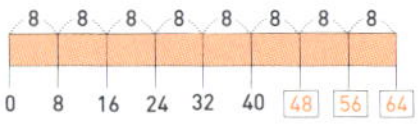

해설 8씩 8번 뛰어 세면 64입니다.

③
×	1	2	3	4	5	6	7	8
8	8	16	24	32	40	48	56	64

8 × 8 = 64

해설 8의 단 곱셈구구표는 8씩 커지므로 24-32-40-48-56-64입니다. 8번째는 64입니다.

유형10 9의 단 곱셈구구

9의 단 곱셈구구를 익히고, 여러 가지 방법으로 계산해 봅시다.

방법 ③ 덧셈식으로 계산하기

9 × 2 = 9 + 9 = 18

방법 ④ 뛰어 세기로 계산하기

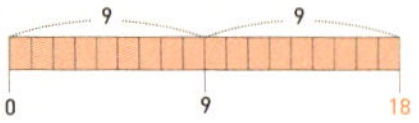

9 × 2 = 18

방법 ⑦ 곱셈구구표로 계산하기

×	1	2
9	9	18

9 × 2 = 18

◎ 계산해 보세요.

1. 9 × 3

① 9 × 3 = 9 + 9 + 9
   = 27

해설 9×3은 9를 3번 더하면 됩니다.

② 9 × 3 = 27

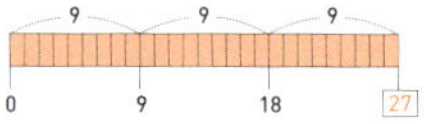

해설 9씩 3번 뛰어 세면 27입니다.

③
×	1	2	3
9	9	18	27

9 × 3 = 27

해설 9의 단 곱셈구구표는 9씩 커지므로 18-27입니다. 3번째는 27입니다.

2단계 ① (몇) × (몇) 계산하기 유형11

2. 9 × 5

① 9 × 5 = 9 + 9 + 9 + 9 + 9
   = 45

해설 9×5는 9를 5번 더하면 됩니다.

② 9 × 5 = 45

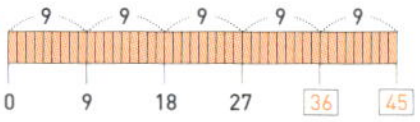

해설 9씩 5번 뛰어 세면 45입니다.

③
×	1	2	3	4	5
9	9	18	27	36	45

9 × 5 = 45

해설 9의 단 곱셈구구표는 9씩 커지므로 27-36-45 입니다. 7번째는 45입니다.

3. 9 × 7

① 9 × 7 = 9 + 9 + 9 + 9 + 9 + 9 + 9
   = 63

해설 9×7은 9를 7번 더하면 됩니다.

② 9 × 7 = 63

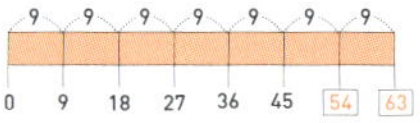

해설 9씩 7번 뛰어 세면 63입니다.

③
×	1	2	3	4	5	6	7
9	9	18	27	36	45	54	63

9 × 7 = 63

해설 9의 단 곱셈구구표는 9씩 커지므로 27-36-45-54-63입니다. 7번째는 63입니다.

유형11 1의 단 곱셈구구

1의 단 곱셈구구를 이해하고, 여러 가지 방법으로 계산해 봅시다.

방법 ③ 덧셈식으로 계산하기

1 × 3 = 1 + 1 + 1 = 3

방법 ④ 뛰어 세기로 계산하기

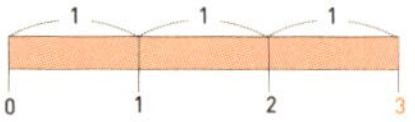

1 × 3 = 3

방법 ⑥ 앞뒤를 바꾸어서 계산하기

1 × 3 = 3 × 1 = 3

◎ 계산해 보세요.

1. 1 × 4

① 1 × 4 = 1 + 1 + 1 + 1
   = 4

해설 1×4는 1을 4번 더하면 됩니다.

② 1 × 4 = 4

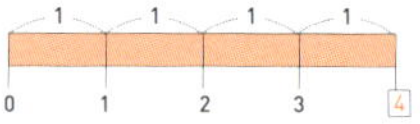

해설 1씩 4번 뛰어 세면 4입니다.

③ 1 × 4 = 4 × 1 = 4

해설 1을 4번 더한 것과 4를 1번 더한 것은 같습니다. 따라서 1×4=4×1=4입니다.

2. 1 × 6

❶ 1 × 6 = 1 + 1 + 1 + 1 + 1 + 1
   = 6

해설 1×6은 1을 6번 더하면 됩니다.

❷ 1씩 6번 뛰어 세면 6입니다.

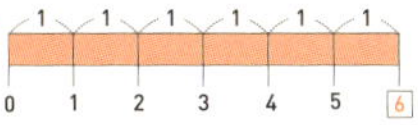

❸ 1 × 6 = 6 × 1 = 6

해설 1을 6번 더한 것과 6을 1번 더한 것은 같습니다. 따라서 1×6=6×1=6입니다.

3. 1 × 8

❶ 1 × 8 = 1 + 1 + 1 + 1 + 1 + 1 + 1 + 1
   = 8

해설 1×8은 1을 8번 더하면 됩니다.

❷ 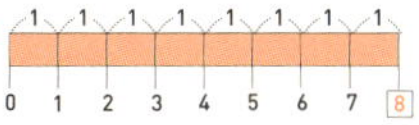 1씩 8번 뛰어 세면 8입니다.

❸ 1 × 8 = 8 × 1 = 8

해설 1을 8번 더한 것과 8을 1번 더한 것은 같습니다. 따라서 1×8=8×1=8입니다.

2단계 ❶ (몇) × (몇) 계산하기 유형12

유형12 0이 있는 곱셈

0을 곱하는 곱셈을 이해하고, 여러 가지 방법으로 계산해 봅시다.

방법 ❸ 덧셈식으로 계산하기

0 × 2 = 0 + 0 = 0

방법 ❻ 앞뒤를 바꾸어서 계산하기

0 × 2 = 2 × 0 = 0

◎ 계산해 보세요.

1. 0 × 3

❶ 0 × 3 = 0 + 0 + 0
   = 0

해설 0×3은 0을 3번 더하면 됩니다.

❷ 0 × 3 = 3 × 0 = 0

해설 0을 3번 더한 것과 3을 0번 더한 것은 같습니다. 따라서 0×3=3×0=0입니다.

---

2. 0 × 4

❶ 0 × 4 = 0 + 0 + 0 + 0
   = 0

해설 0×4는 0을 4번 더하면 됩니다.

❷ 0 × 4 = 4 × 0 = 0

해설 0을 4번 더한 것과 4를 0번 더한 것은 같습니다.

3. 0 × 7

❶ 0 × 7 = 0 + 0 + 0 + 0 + 0 + 0 + 0
   = 0

해설 0×7은 0을 7번 더하면 됩니다.

❷ 0 × 7 = 7 × 0 = 0

해설 0을 7번 더한 것과 7을 0번 더한 것은 같습니다.

2단계 ❶ (몇) × (몇) 계산하기 유형13

유형13 곱셈구구표에서 규칙 찾기

곱셈구구표에서 규칙을 찾아 여러 가지 방법으로 계산해 봅시다.

방법 ❹ 뛰어 세기로 계산하기

×	2	3	4
2	4	6	8
3		9	12
4		12	16

6 - 9 - 12

방법 ❻ 앞뒤를 바꾸어서 계산하기

×	2	3	4
2	4	6	8
3		9	12
4		12	16

4 × 3 = 3 × 4 = 12

◎ ★에 들어갈 수를 구해 보세요.

1.

×	3	4	5
3	9	12	15
4		16	20
5			★ 25

❶ 9 - 12 - 15

해설 3의 단 곱셈구구표에서는 3씩 커지므로 9-12-15입니다. ★은 15입니다.

❷ 3 × 5 = 5 × 3 = 15

해설 곱셈구구표에서 가로와 세로를 바꾸어도 같습니다.

1 (몇) × (몇) 계산하기 — 3단계

◎ 계산해 보세요.

❶ 2 × 4 = [8]
해설 2를 4번 더하면 8입니다.

❷ 2 × 9 = [18]
해설 2를 9번 더하면 18입니다.

❸ 3 × 4 = [12]
해설 3을 4번 더하면 12입니다.

❹ 3 × 2 = [6]
해설 3을 2번 더하면 6입니다.

❺ 4 × 2 = [8]
해설 4를 2번 더하면 8입니다.

❻ 4 × 7 = [28]
해설 4를 7번 더하면 28입니다.

❼ 5 × 3 = [15]
해설 5를 3번 더하면 15입니다.

❽ 5 × 5 = [25]
해설 5를 5번 더하면 25입니다.

❾ 6 × 1 = [6]
해설 6 × 1 = 1 × 6 = 6

❿ 5 × 6 = [30]
해설 5 × 6 = 6 × 5 = 30

⓫ 7 × 8 = [56]
해설 7 × 8 = 8 × 7 = 56

⓬ 7 × 4 = [28]
해설 7의 단에서 4번째는 28입니다.

2.

×	5	6	7	8
5	25	30	35	40
6	30	36	42	48
7				
8		★		

❶ 30 - 36 - [42] - [48]
해설 6의 단 곱셈구구표에서는 6씩 커지므로 30-36-42-48입니다. ★은 48입니다.

❷ 8 × 6 = 6 × 8 = [48]
해설 곱셈구구표에서 가로와 세로가 바뀌어도 같습니다.

3.

×	6	7	8	9
6	36	42		
7	42	49		★
8	48	56		
9	54	63		

❶ 42 - 49 - [56] - [63]
해설 7의 단 곱셈구구표에서는 7씩 커지므로 42-49-56-63입니다. ★은 63입니다.

❷ 7 × 9 = 9 × 7 = [63]
해설 곱셈구구표에서 가로와 세로가 바뀌어도 같습니다.

3단계 ❶ (몇) × (몇) 계산하기

⓭ 8 × 8 = [64]
해설 8의 단에서 8번째는 64입니다.

⓮ 8 × 2 = [16]
해설 8의 단에서 2번째는 16입니다.

⓯ 9 × 3 = [27]
해설 9의 단에서 3번째는 27입니다.

⓰ 9 × 5 = [45]
해설 9의 단에서 5번째는 45입니다.

⓱ 1 × 4 = [4]
해설 1의 단에서 4번째는 4입니다.

⓲ 9 × 1 = [9]
해설 9의 단에서 1번째는 9입니다.

⓳ 0 × 9 = [0]
해설 어떤 수에 0을 곱하면 0입니다.

⓴ 5 × 0 = [0]
해설 어떤 수에 0을 곱하면 0입니다.

㉑

×	4	5	6
7	28	35	42
8		40	
9	36	45	★

★ = [54]
해설 36 - 45 - 54
9 × 6 = 6 × 9 = 54

㉒

×	7	8	9
2	14	16	18
3			27
4	★	32	36

★ = [28]
해설 28 - 32 - 36
7 × 4 = 4 × 7 = 28

---

2 (몇십) × (몇) 계산하기

학습 목표

단계	학습 의도	구분	학습 주제	관련 교과
1단계	Basic Exercise (몇십)×(몇)을 계산하는 여러 가지 방법을 배웁니다.	방법1	덧셈으로 계산하기	
		방법2	(몇)×(몇)으로 계산하기	
		방법3	세로셈으로 계산하기	
2단계	One Problem Multi Solution 1단계에서 배운 여러 가지 방법을 토대로 (몇십)×(몇)의 여러 가지 유형을 계산합니다.	유형1	(몇십)×(몇)의 계산	〈3-1〉 4.곱셈
3단계	Calculation Master 앞에서 학습한 내용을 자유롭게 적용해 계산합니다.			

2. (몇십) × (몇) 계산하기 — 1단계 Basic Exercise

Q1 □ 안에 알맞은 수를 써넣으세요.

방법 1 덧셈으로 계산하기

① 30 × 2
= 30 + 30
= 60

② 40 × 2
= 40 + 40
= 80

① 20 × 3
= 20 + 20 + 20
= 60

해설 20×3은 20을 3번 더해 주는 것이므로 20+20+20이 되고 더해 주면 60이 됩니다.

④ 30 × 3
= 30 + 30 + 30
= 90

해설 30×3은 30을 3번 더해 주는 것이므로 30+30+30이 되고 더해 주면 90이 됩니다.

② 10 × 4
= 10 + 10 + 10 + 10
= 40

해설 10×4는 10을 4번 더해 주는 것이므로 10+10+10+10이 되고 더해 주면 40이 됩니다.

⑤ 60 × 2
= 60 + 60
= 120

해설 60×2은 60을 2번 더해 주는 것이므로 60+60이 되고 더해 주면 120이 됩니다.

③ 20 × 4
= 20 + 20 + 20 + 20
= 80

해설 20×4은 20을 4번 더해 주는 것이므로 20+20+20+20이 되고 더해 주면 80이 됩니다.

⑥ 70 × 3
= 70 + 70 + 70
= 210

해설 70×3은 70을 3번 더해 주는 것이므로 70+70+70이 되고 더해 주면 210이 됩니다.

Q2 □ 안에 알맞은 수를 써넣으세요.

방법 2 (몇)×(몇)으로 계산하기

① 3 × 2 = 6
30 × 2 = 60

② 7 × 2 = 14
70 × 2 = 140

① 8 × 3 = 24
80 × 3 = 240

해설 80×3은 8×3=24를 구한 다음 0을 붙이면 됩니다.

④ 5 × 6 = 30
50 × 6 = 300

해설 50×6은 5×6=30을 구한 다음 0을 붙이면 됩니다.

② 3 × 5 = 15
30 × 5 = 150

해설 30×5는 3×5=15를 구한 다음 0을 붙이면 됩니다.

⑤ 7 × 4 = 28
70 × 4 = 280

해설 70×4는 7×4=28을 구한 다음 0을 붙이면 됩니다.

③ 4 × 6 = 24
40 × 6 = 240

해설 40×6은 4×6=24를 구한 다음 0을 붙이면 됩니다.

⑥ 9 × 3 = 27
90 × 3 = 270

해설 90×3은 9×3=27을 구한 다음 0을 붙이면 됩니다.

Q3 □ 안에 알맞은 수를 써넣으세요.

방법 3 세로셈으로 계산하기

①
```
    3 0
  ×   3
  ─────
      0
    9
  ─────
    9 0
```

②
```
    4 0
  ×   3
  ─────
      0
  1 2
  ─────
  1 2 0
```

①
```
    2 0
  ×   4
  ─────
      0
    8
  ─────
    8 0
```
해설 ← 0×4=0 ← 2×4=8
8은 한 칸 띄어져 있으므로 80을 나타냅니다. 0+80=80

④
```
    4 0
  ×   6
  ─────
      0
  2 4
  ─────
  2 4 0
```
해설 ← 0×6=0 ← 4×6=24
24는 한 칸 띄어져 있으므로 240을 나타냅니다. 0+240=240

②
```
    3 0
  ×   6
  ─────
      0
  1 8
  ─────
  1 8 0
```
해설 ← 0×6=0 ← 3×6=18
18은 한 칸 띄어져 있으므로 180을 나타냅니다. 0+180=180

⑤
```
    5 0
  ×   7
  ─────
      0
  3 5
  ─────
  3 5 0
```
해설 ← 0×7=0 ← 5×7=35
35는 한 칸 띄어져 있으므로 350을 나타냅니다. 0+350=350

③
```
    6 0
  ×   2
  ─────
      0
  1 2
  ─────
  1 2 0
```
해설 ← 0×2=0 ← 6×2=12
12는 한 칸 띄어져 있으므로 120을 나타냅니다. 0+120=120

⑥
```
    7 0
  ×   8
  ─────
      0
  5 6
  ─────
  5 6 0
```
해설 ← 0×8=0 ← 7×8=56
56은 한 칸 띄어져 있으므로 560을 나타냅니다. 0+560=560

---

2. (몇십) × (몇) 계산하기 — 2단계 One Problem Multi Solution

유형1 (몇십)×(몇)의 계산
(몇십)×(몇)을 여러 가지 방법으로 계산해 봅시다.

방법 1 덧셈으로 계산하기
20 × 3
= 20 + 20 + 20
= 60

방법 2 (몇)×(몇)으로 계산하기
2 × 3 = 6
20 × 3 = 60

방법 3 세로셈으로 계산하기
```
    2 0
  ×   3
  ─────
      0
    6
  ─────
    6 0
```

◎ 계산해 보세요.

1. 80 × 4

① 80 × 4
= 80 + 80 + 80 + 80
= 320

해설 80×4은 80을 4번 더해 주는 것이므로 80+80+80+80이 되고 더해 주면 320이 됩니다.

② 8 × 4 = 32
80 × 4 = 320

해설 80×4는 8×4=32를 구한 다음 0을 붙이면 됩니다.

③
```
    8 0
  ×   4
  ─────
      0
  3 2
  ─────
  3 2 0
```
해설 ← 0×4=0 ← 8×4=32
32는 한 칸 띄어져 있으므로 320을 나타냅니다. 0+320=320

2. 90 × 5

❶ 90 × 5
= 90 + 90 + 90 + 90 + 90
= 450

해설 90×5는 90을 5번 더해 주는 것이므로 90+90+90+90+90이 되고 더해 주면 450이 됩니다.

❷ 9 × 5 = 45
90 × 5 = 450

해설 90×5는 9×5=45를 구한 다음 0을 붙이면 됩니다.

❸
```
    9 0
  ×   5
-------
      0
    4 5
-------
    4 5 0
```
해설
- 0×5=0
- 9×5=45
- 45는 한 칸 띄어져 있으므로 450을 나타냅니다.
- 0+450=450

3. 70 × 6

❶ 70 × 6
= 70 + 70 + 70 + 70
 + 70 + 70
= 420

해설 70×6은 70을 6번 더해 주는 것이므로 70+70+70+70+70+70이 되고 더해 주면 420이 됩니다.

❷ 7 × 6 = 42
70 × 6 = 420

해설 70×6은 7×6=42를 구한 다음 0을 붙이면 됩니다.

❸
```
    7 0
  ×   6
-------
      0
    4 2
-------
    4 2 0
```
해설
- 0×6=0
- 7×6=42
- 42는 한 칸 띄어져 있으므로 420을 나타냅니다.
- 0+420=420

2 (몇십) × (몇) 계산하기 — 3단계

◎ 계산해 보세요.

❶ 30 × 5 = 150
해설 30×5는 30을 5번 더해 주는 것이므로 30+30+30+30+30이 되고 더해 주면 150이 됩니다.

❷ 20 × 5 = 100
해설 20×5는 20을 5번 더해 주는 것이므로 20+20+20+20+20이 되고 더해 주면 100이 됩니다.

❸ 70 × 1 = 70
해설 70×1은 70을 1번 더해 주는 것이므로 70이 됩니다.

❹ 40 × 3 = 120
해설 40×3은 40을 3번 더해 주는 것이므로 40+40+40이 되고 더해 주면 120이 됩니다.

❺ 50 × 3 = 150
해설 50×3은 50을 3번 더해 주는 것이므로 50+50+50이 되고 더해 주면 150이 됩니다.

❻ 60 × 2 = 120
해설 60×2는 60을 2번 더해 주는 것이므로 60+60이 되고 더해 주면 120이 됩니다.

❼ 90 × 3 = 270
해설 90×3은 90을 3번 더해 주는 것이므로 90+90+90이 되고 더해 주면 270이 됩니다.

❽ 30 × 7 = 210
해설 30×7은 30을 7번 더해 주는 것이므로 30+30+30+30+30+30+30이 되고 더해 주면 210이 됩니다.

❾ 40 × 6 = 240
해설 40×6은 4×6=24를 구한 다음 0을 붙이면 됩니다.

❿ 60 × 4 = 240
해설 60×4는 6×4=24를 구한 다음 0을 붙이면 됩니다.

⓫ 80 × 2 = 160
해설 80×2는 8×2=16을 구한 다음 0을 붙이면 됩니다.

⓬ 30 × 7 = 210
해설 30×7은 3×7=21을 구한 다음 0을 붙이면 됩니다.

3단계 ❷ (몇십) × (몇) 계산하기

⓭ 60 × 5 = 300
해설 60×5는 6×5=30을 구한 다음 0을 붙이면 됩니다.

⓮ 80 × 9 = 720
해설 80×9는 8×9=72를 구한 다음 0을 붙이면 됩니다.

⓯ 20 × 8 = 160
해설 20×8은 2×8=16을 구한 다음 0을 붙이면 됩니다.

⓰ 50 × 7 = 350
해설 50×7은 5×7=35를 구한 다음 0을 붙이면 됩니다.

⓱ 70 × 9 = 630
해설
```
    7 0
  ×   9
-------
    6 3
-------
    6 3 0
```

⓲ 80 × 5 = 400
해설
```
    8 0
  ×   5
-------
    4 0
-------
    4 0 0
```

⓳ 10 × 8 = 80
```
    1 0
  ×   8
-------
      8
-------
      8 0
```

⓴ 50 × 3 = 150
```
    5 0
  ×   3
-------
    1 5
-------
    1 5 0
```

㉑ 60 × 9 = 540
```
    6 0
  ×   9
-------
    5 4
-------
    5 4 0
```

㉒ 70 × 8 = 560
```
    7 0
  ×   8
-------
    5 6
-------
    5 6 0
```

㉓ 90 × 3 = 270
```
    9 0
  ×   3
-------
    2 7
-------
    2 7 0
```

㉔ 70 × 5 = 350
```
    7 0
  ×   5
-------
    3 5
-------
    3 5 0
```

3 올림이 없는 (몇십 몇) × (몇) 계산하기

학습 목표

단계	학습 의도	구분	학습 주제	관련 교과
1단계	Basic Exercise 올림이 없는 (몇십 몇)×(몇)을 계산하는 여러 가지 방법을 배웁니다.	방법1	덧셈으로 계산하기	(3-1) 4.곱셈
		방법2	십의 자리부터 세로셈하기	
		방법3	일의 자리부터 세로셈하기	
		방법4	격자 곱셈법으로 계산하기	
		방법5	선 긋기 방법으로 계산하기	
2단계	One Problem Multi Solution 1단계에서 배운 여러 가지 방법을 토대로 올림이 없는 (몇십 몇)×(몇)의 여러 가지 유형을 살펴봅니다.	유형1	(몇십)×(몇)의 계산(1)	
			(몇십 몇)×(몇)의 계산(2)	
3단계	Calculation Master 앞에서 학습한 내용을 자유롭게 적용해 계산합니다.			

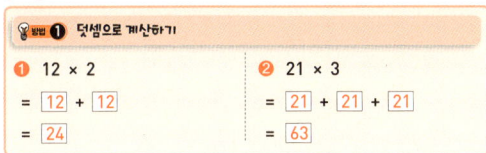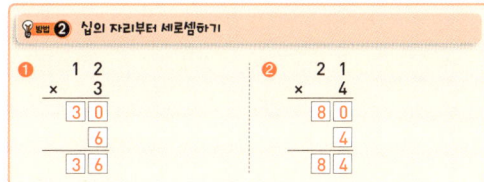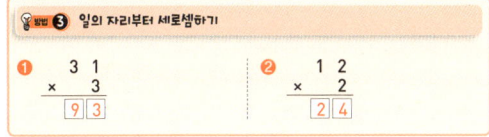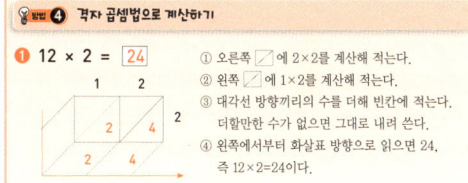

Q4 □ 안에 알맞은 수를 써넣으세요.

방법 4 선 긋기 방법으로 계산하기

❶ 12 × 3

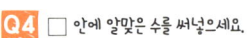

① 12에서 / 모양의 선을 각각 1개, 2개 긋는다.
② 3에서 \ 모양의 선을 3개 겹치게 긋는다.
③ 선이 겹치는 첫 번째 영역의 교차점이 십의 자리, 두 번째 영역의 교차점이 일의 자리이다.

30 + 6 = 36

❶ 14 × 2

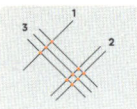

20 + 8 = 28

해설 14를 /로 긋고, 2를 \로 그었을 때, 왼쪽에서 만나는 점은 2개(20), 오른쪽에 만나는 점은 8개이므로 28이 됩니다.

❷ 22 × 3

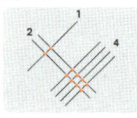

60 + 6 = 66

해설 22를 /로 긋고, 3을 \로 그었을 때, 왼쪽에서 만나는 점은 6개(60), 오른쪽에 만나는 점은 6개이므로 66이 됩니다.

❸ 32 × 3

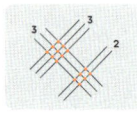

90 + 6 = 96

해설 32를 /로 긋고, 3을 \로 그었을 때, 왼쪽에서 만나는 점은 9개(90), 오른쪽에 만나는 점은 6개이므로 96이 됩니다.

❹ 42 × 2

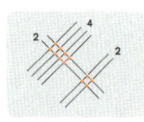

80 + 4 = 84

해설 42를 /로 긋고, 2를 \로 그었을 때, 왼쪽에서 만나는 점은 8개(80), 오른쪽에 만나는 점은 4개이므로 84가 됩니다.

---

3 올림이 없는 (몇십 몇)×(몇) 계산하기 — 2단계

유형1 (몇십 몇)×(몇)의 계산(1)

올림이 없는 (몇십 몇) × (몇)을 여러 가지 방법으로 계산해 봅시다.

방법 1 덧셈으로 계산하기

13 × 3
= 13 + 13 + 13
= 39

방법 2 십의 자리부터 세로셈하기

```
    1 3
  ×   3
  ─────
    3 0
      9
  ─────
    3 9
```

방법 3 일의 자리부터 세로셈하기

```
    1 3
  ×   3
  ─────
    3 9
```

◎ 계산해 보세요.

1. 21 × 3

❶ 21 × 3
= 21 + 21 + 21
= 63

해설 21×3은 21을 3번 더해 주는 것이므로 21+21+21이 되고 더해 주면 63이 됩니다.

❷
```
    2 1
  ×   3
  ─────
    6 0   ← 20×3=60
      3   ← 1×3=3
  ─────
    6 3   ← 60+3=63
```

❸
```
    2 1
  ×   3
  ─────
    6 3
```
해설 일의 자리: 1×3 = 3
십의 자리: 2×3 = 6

---

2. 32 × 3

❶ 32 × 3
= 32 + 32 + 32
= 96

해설 32×3은 32를 3번 더해 주는 것이므로 32+32+32가 되고 더해 주면 96이 됩니다.

❷
```
    3 2
  ×   3
  ─────
    9 0   ← 30×3=90
      6   ← 2×3=6
  ─────
    9 6   ← 90+6=96
```

❸
```
    3 2
  ×   3
  ─────
    9 6
```
해설 일의 자리: 2×3=6
십의 자리: 3×3=9

3. 42 × 2

❶ 42 × 2
= 42 + 42
= 84

해설 42×2는 42를 2번 더해 주는 것이므로 42+42가 되고 더해 주면 84가 됩니다.

❷
```
    4 2
  ×   2
  ─────
    8 0   ← 40×2=80
      4   ← 2×2=4
  ─────
    8 4   ← 80+4=84
```

❸
```
    4 2
  ×   2
  ─────
    8 4
```
해설 일의 자리: 2×2=4
십의 자리: 4×2=8

---

3 올림이 없는 (몇십 몇) × (몇) 계산하기 — 2단계 유형2

유형2 (몇십 몇)×(몇)의 계산(2)

올림이 없는 (몇십 몇) × (몇)을 여러 가지 방법으로 계산해 봅시다.

방법 4 격자 곱셈법으로 계산하기

32 × 2

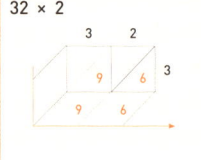

방법 5 선 긋기 방법으로 계산하기

32 × 2

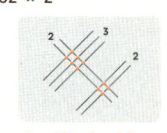

60 + 4 = 64

◎ 계산해 보세요.

1. 21 × 3

❶ 21 × 3

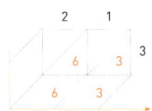

해설 오른쪽 빈칸 1×3=3, 왼쪽 빈칸 2×3=6 대각선 방향으로 내려 쓰고 왼쪽에서부터 차례로 읽으면 63이 됩니다.

❷ 21 × 3

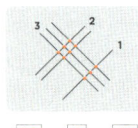

60 + 3 = 63

해설 2을 /로 긋고, 3을 \로 그었을 때, 왼쪽에서 만나는 점은 6개(60), 오른쪽에 만나는 점은 3개이므로 63이 됩니다.

2. 12 × 4

❶ 12 × 4 = 48

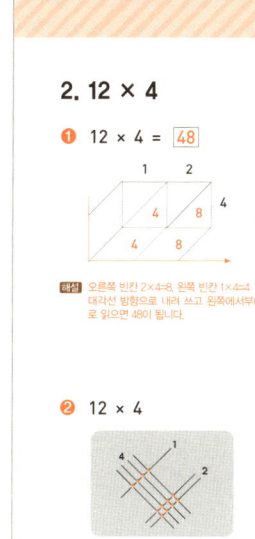

해설 오른쪽 빈칸 2×4=8, 왼쪽 빈칸 1×4=4 대각선 방향으로 내려 쓰고 왼쪽에서부터 차례로 읽으면 48이 됩니다.

❷ 12 × 4

40 + 8 = 48

해설 12를 /로 긋고, 4를 \로 그었을 때, 왼쪽에서 만나는 점은 4개로 40, 오른쪽에 만나는 점은 8개이므로 48이 됩니다.

3. 41 × 2

❶ 41 × 2 = 82

해설 오른쪽 빈칸 1×2=2, 왼쪽 빈칸 4×2=8 대각선 방향으로 내려 쓰고 왼쪽부터 차례로 읽으면 82가 됩니다.

❷ 41 × 2

80 + 2 = 82

해설 41을 /로 긋고, 2를 \로 그었을 때, 왼쪽에서 만나는 점은 8개로 80, 오른쪽에 만나는 점은 2개이므로 82가 됩니다.

62

Calculation Master

3 올림이 없는 (몇십 몇) × (몇) 계산하기 — 3단계

◎ 계산해 보세요.

❶ 11 × 5 = 55
해설 11×5는 11을 5번 더해 주는 것이므로 11+11+11+11+11이 되고, 더해 주면 55가 됩니다.

❷ 12 × 3 = 36
해설 12×3은 12를 3번 더해 주는 것이므로 12+12+12이 되고, 더해 주면 36이 됩니다.

❸ 13 × 2 = 26
해설 13×2는 13을 2번 더해 주는 것이므로 13+13이 되고, 더해 주면 26이 됩니다.

❹ 12 × 4 = 48
해설 12×4은 12를 4번 더해 주는 것이므로 12+12+12+12이 되고, 더해 주면 48이 됩니다.

❺ 19 × 1 = 19
해설 19×1은 19를 1번 더해 주는 것이므로 19가 됩니다.

❻ 12 × 2 = 24
해설 12×2은 12를 2번 더해 주는 것이므로 12+12이 되고, 더해 주면 24가 됩니다.

❼ 13 × 3 = 39
해설 십의 자리부터 계산

❽ 18 × 1 = 18
해설 십의 자리부터 계산

❾ 14 × 2 = 28
해설 십의 자리부터 계산

❿ 21 × 4 = 84
해설 십의 자리부터 계산

⓫ 22 × 3 = 66
해설 십의 자리부터 계산

⓬ 24 × 2 = 48
해설 십의 자리부터 계산

3단계 ❸ 올림이 없는 (몇십 몇) × (몇) 계산하기

⓭ 23 × 2 = 46
해설 일의 자리부터 계산

⓮ 21 × 3 = 63
해설 일의 자리부터 계산

⓯ 22 × 4 = 88
해설 일의 자리부터 계산

⓰ 23 × 3 = 69
해설 일의 자리부터 계산

⓱ 31 × 2 = 62
해설 일의 자리부터 계산

⓲ 33 × 3 = 99
해설 일의 자리부터 계산

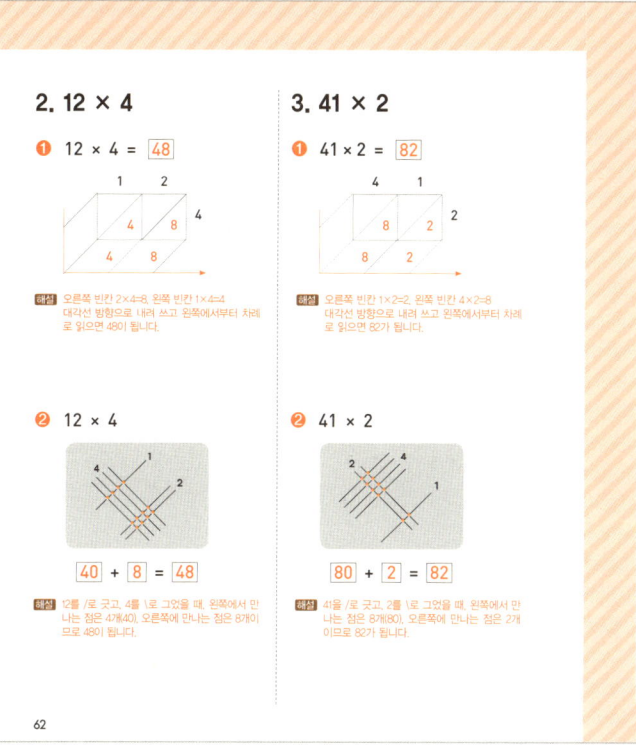

⓳ 32 × 3 = 96

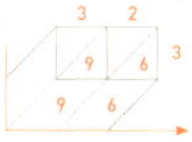

⓴ 31 × 3 = 93

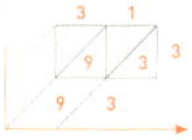

㉑ 41 × 2 = 82

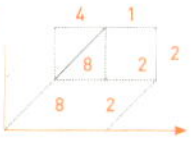

㉒ 33 × 2 = 66

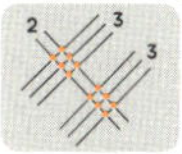

㉓ 32 × 2 = 64

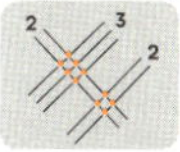

㉔ 42 × 2 = 84

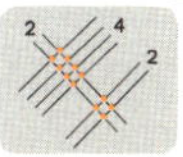

4 올림이 있는 (몇십 몇) × (몇) 계산하기

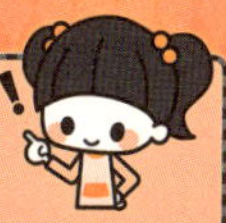

학습 목표

단계	학습 의도	구분	학습 주제	관련 교과
1단계	Basic Exercise 올림이 있는 (몇십 몇)×(몇)을 계산하는 여러 가지 방법을 배웁니다.	방법1	덧셈으로 계산하기	
		방법2	십의 자리부터 세로셈하기	
		방법3	일의 자리부터 세로셈하기	
		방법4	격자 곱셈법으로 계산하기	
		방법5	선 긋기 방법으로 계산하기	
2단계	One Problem Multi Solution 1단계에서 배운 여러 가지 방법을 토대로 올림이 있는 (몇십 몇)×(몇)의 여러 가지 유형을 계산합니다.	유형1	(몇십 몇)×(몇)의 계산(1)	〈3-1〉 4.곱셈
			(몇십 몇)×(몇)의 계산(2)	
			(몇십 몇)×(몇)의 계산(3)	
3단계	Calculation Master 앞에서 학습한 내용을 자유롭게 적용해 계산합니다.			

181

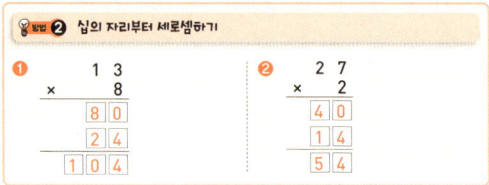

Q1 □ 안에 알맞은 수를 써넣으세요.

방법 ① 덧셈으로 계산하기

① 17 × 2
= 17 + 17
= 34

② 41 × 3
= 41 + 41 + 41
= 123

❶ 23 × 4
= 23 + 23 + 23 + 23
= 92

해설 23 × 4는 23을 4번 더해 주는 것이므로 23+23+23+23이 되고 더해 주면 92가 됩니다.

❷ 19 × 4
= 19 + 19 + 19 + 19
= 76

해설 19 × 4는 19를 4번 더해 주는 것이므로 19+19+19+19이 되고 더해 주면 76가 됩니다.

❸ 36 × 2
= 36 + 36
= 72

해설 36 × 2는 36을 2번 더해 주는 것이므로 36+36이 되고 더해 주면 72가 됩니다.

❹ 32 × 4
= 32 + 32 + 32 + 32
= 128

해설 32 × 4는 32를 4번 더해 주는 것이므로 32+32+32+32이 되고 더해 주면 128이 됩니다.

❺ 43 × 4
= 43 + 43 + 43 + 43
= 172

해설 43 × 4는 43을 4번 더해 주는 것이므로 43+43+43+43이 되고 더해 주면 172가 됩니다.

❻ 57 × 3
= 57 + 57 + 57
= 171

해설 57 × 3는 57을 3번 더해 주는 것이므로 57+57+57이 되고 더해 주면 171이 됩니다.

Q2 □ 안에 알맞은 수를 써넣으세요.

방법 ② 십의 자리부터 세로셈하기

① 1 3
×   8
 8 0
 2 4
1 0 4

②   2 7
× 2
 4 0
 1 4
 5 4

❶ 1 6
× 5
 5 0 ← 10×5=50
 3 0 ← 6×5=30
 8 0 ← 50+30=80

❷ 2 8
× 3
 6 0 ← 20×3=60
 2 4 ← 8×3=24
 8 4 ← 60+24=84

❸ 3 4
× 3
 9 0 ← 30×3=90
 1 2 ← 4×3=12
1 0 2 ← 90+12=102

❹ 4 2
× 7
2 8 0 ← 40×7=280
 1 4 ← 2×7=14
2 9 4 ← 280+14=294

❺ 5 4
× 5
2 5 0 ← 50×5=250
 2 0 ← 4×5=20
2 7 0 ← 250+20=270

❻ 8 3
× 3
2 4 0 ← 80×3=240
   9 ← 3×3=9
2 4 9 ← 240+9=249

Q3 □ 안에 알맞은 수를 써넣으세요.

방법 ③ 일의 자리부터 세로셈하기

①   3
  2 6
×   5
 1 3 0

②   3 5
×   3
 1 0 5

❶   1
  2 9
×   2
  5 8
해설 1: 9×2=18이므로 1을 올립니다.
2: 2×2=4에서 올림한 1을 합해 5, 즉 50이 됩니다.
3: 58

❷   2
  3 7
×   4
 1 4 8
해설 1: 7×4=28이므로 2를 올립니다.
2: 3×4=12에서 올림한 2를 합해 14, 즉 140이 됩니다.
3: 148

❸   1
  4 4
×   3
 1 3 2
해설 1: 4×3=12이므로 1을 올립니다.
2: 4×3=12에서 올림한 1을 합해 13, 즉 130이 됩니다.
3: 132

❹   2
  5 6
×   4
 2 2 4
해설 1: 6×4=24이므로 2를 올립니다.
2: 5×4=20에서 올림한 2를 합해 22, 즉 220이 됩니다.
3: 224

❺   1
  6 2
×   8
 4 9 6
해설 1: 2×8=16이므로 1을 올립니다.
2: 6×8=48에서 올림한 1을 합해 49, 즉 490이 됩니다.
3: 496

❻   1
  7 3
×   4
 2 9 2
해설 1: 3×4=12이므로 1을 올립니다.
2: 7×4=28에서 올림한 1을 합해 29, 즉 290이 됩니다.
3: 292

Q4 빈칸에 알맞은 수를 써넣으세요.

방법 ④ 격자 곱셈법으로 계산하기

❶ 25 × 7 = 175

① 오른쪽 ◸ 에 5×7을 계산해 적는다.
② 왼쪽 ◸ 에 2×7을 계산해 적는다.
③ 대각선 방향끼리의 수를 더해 각각의 빈칸에 적는다. 왼쪽에서부터 화살표 방향으로 읽으면 175, 즉 25×7=175이다.

❶ 45 × 3 = 135

해설 오른쪽 빈칸 5×3=15, 왼쪽 빈칸 4×3=12 대각선 방향으로 더하고 왼쪽에서부터 차례로 읽으면 135가 됩니다.

❷ 38 × 4 = 152

해설 오른쪽 빈칸 8×4=32, 왼쪽 빈칸 3×4=12 대각선 방향으로 더하고 왼쪽에서부터 차례로 읽으면 152가 됩니다.

❸ 64 × 4 = 256

해설 오른쪽 빈칸 4×4=16, 왼쪽 빈칸 6×4=24 대각선 방향으로 더하고 왼쪽에서부터 차례로 읽으면 256이 됩니다.

❹ 74 × 6 = 444

해설 오른쪽 빈칸 4×6=24, 왼쪽 빈칸 7×6=42 대각선 방향으로 더하고 왼쪽에서부터 차례로 읽으면 444가 됩니다.

Q5 □ 안에 알맞은 수를 써넣으세요.

방법 5 선긋기 방법으로 계산하기

❶ 15 × 3

① 15이므로 /모양의 선을 각각 1개, 5개 긋는다.
② 3이므로 \모양의 선을 3개 겹치게 긋는다.
③ 선이 겹치는 첫 번째 영역의 교차점이 십의 자리, 두 번째 영역의 교차점이 일의 자리이다.

[30] + [15] = [45]

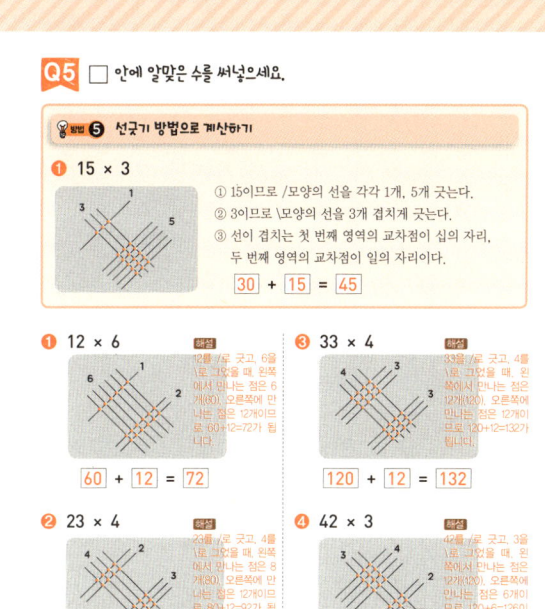

❶ 12 × 6

[60] + [12] = [72]

해설 12를 /로 긋고, 6을 \로 그었을 때, 왼쪽에서 만나는 점은 6개(60), 오른쪽에 만나는 점은 12개이므로 60+12=72가 됩니다.

❷ 23 × 4

[80] + [12] = [92]

해설 23를 /로 긋고, 4를 \로 그었을 때, 왼쪽에서 만나는 점은 8개(80), 오른쪽에 만나는 점은 12개이므로 80+12=92가 됩니다.

❸ 33 × 4

[120] + [12] = [132]

해설 33을 /로 긋고, 4를 \로 그었을 때, 왼쪽에서 만나는 점은 12개(120), 오른쪽에 만나는 점은 12개이므로 120+12=132가 됩니다.

❹ 42 × 3

[120] + [6] = [126]

해설 42를 /로 긋고, 3을 \로 그었을 때, 왼쪽에서 만나는 점은 12개(120), 오른쪽에 만나는 점은 6개이므로 120+6=126이 됩니다.

70

One Problem Multi Solution 2단계

4 올림이 있는 (몇십 몇) × (몇) 계산하기

유형1 (몇십 몇)×(몇)의 계산(1)

올림이 있는 (몇십 몇) × (몇)을 여러 가지 방법으로 계산해 봅시다.

방법 1 덧셈으로 계산하기

39 × 4
= 39 + 39 + 39 + 39
= 156

방법 2 십의 자리부터 세로셈하기

39 × 4

```
    3 9
×     4
-------
  1 2 0
    3 6
-------
  1 5 6
```

방법 3 일의 자리부터 세로셈하기

39 × 4

```
    3
    3 9
×     4
-------
  1 5 6
```

◎ 계산해 보세요.

1. 84 × 4

❶ 84 × 4
= [84] + [84] + [84] + [84]
= [336]

해설 84×4는 84을 4번 더해 주는 것이므로 84+84+84+84가 되고 더해 주면 336이 됩니다.

❷

```
    8 4
×     4
-------
  3 2 0   ← 80×4=320
    1 6   ← 4×4=16
-------
  3 3 6   ← 320+16=336
```

❸

```
    1
    8 4
×     4
-------
  3 3 6
```

해설 ① 4×4=16이므로 1을 올립니다. ② 8×4=32에서 올림한 1을 합해 33, 즉 330이 됩니다. ③ 336

71

2. 79 × 3

❶ 79 × 3
= [79] + [79] + [79]
= [237]

해설 79×3은 79를 3번 더해 주는 것이므로 79+79+79가 되고 더해 주면 237이 됩니다.

❷

```
    7 9
×     3
-------
  2 1 0   ← 70×3=210
    2 7   ← 9×3=27
-------
  2 3 7   ← 210+27=237
```

❸

```
    2
    7 9
×     3
-------
  2 3 7
```

해설 ① 9×3=27이므로 2를 올립니다. ② 7×3=21에서 올림한 2을 합해 23, 즉 230이 됩니다. ③ 237

3. 98 × 2

❶ 98 × 2
= [98] + [98]
= [196]

해설 98×2는 98을 2번 더해 주는 것이므로 98+98가 되고 더해 주면 196이 됩니다.

❷

```
    9 8
×     2
-------
  1 8 0   ← 90×2=180
    1 6   ← 8×2=16
-------
  1 9 6   ← 180+16=196
```

❸

```
    1
    9 8
×     2
-------
  1 9 6
```

해설 ① 8×2=16이므로 1을 올립니다. ② 9×2=18에서 올림한 1을 합해 19, 즉 190이 됩니다. ③ 196

72

2단계 4 올림이 있는 (몇십 몇) × (몇) 계산하기 유형2

유형2 (몇십 몇)×(몇)의 계산(2)

올림이 있는 (몇십 몇) × (몇)을 여러 가지 방법으로 계산해 봅시다.

방법 3 격자 곱셈법으로 계산하기

32 × 5 = 160

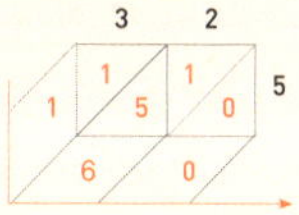

방법 4 선긋기 방법으로 계산하기

32 × 5

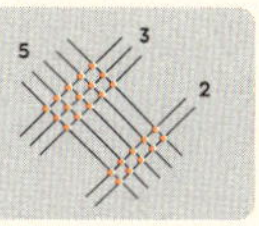

150 + 10 = 160

◎ 계산해 보세요.

1. 42 × 6

❶ 42 × 6 = [252]

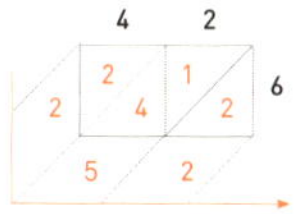

해설 오른쪽 빈칸 2×6=12, 왼쪽 빈칸 4×6=24 대각선 방향으로 더하고 왼쪽에서부터 차례로 읽으면 252가 됩니다.

❷ 42 × 6

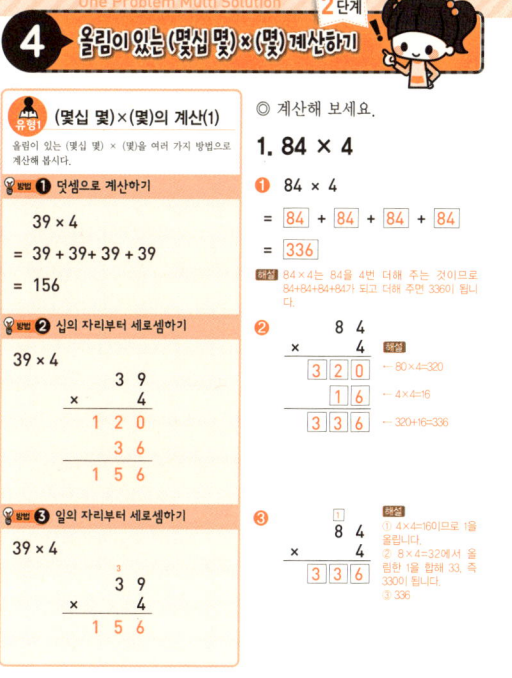

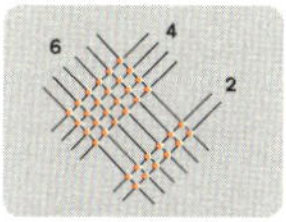

[240] + [12] = [252]

해설 42를 /로 긋고, 6을 \로 그었을 때, 왼쪽에서 만나는 점은 24개(240), 오른쪽에 만나는 점은 12개이므로 240+12=252가 됩니다.

73

2. 43 × 5

❶ 43 × 5 = 215

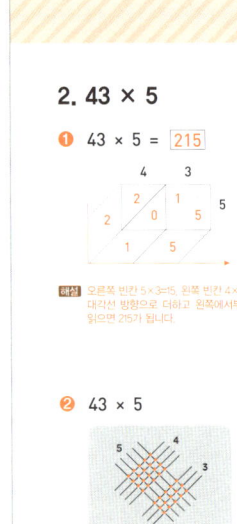

해설 오른쪽 빈칸 5×3=15, 왼쪽 빈칸 4×5=20 대각선 방향으로 더하고, 왼쪽에서부터 차례로 읽으면 215가 됩니다.

❷ 43 × 5

200 + 15 = 215

해설 43을 /로 긋고, 5를 \로 그었을 때, 왼쪽에서 만나는 점은 20개(200), 오른쪽에 만나는 점은 15개이므로 200+15=215가 됩니다.

3. 63 × 4

❶ 63 × 4 = 252

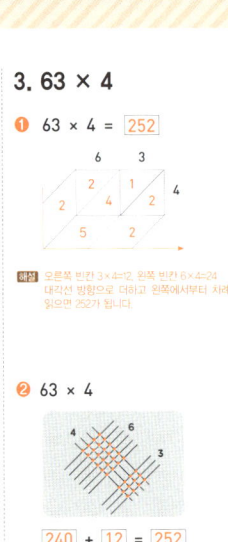

해설 오른쪽 빈칸 3×4=12, 왼쪽 빈칸 6×4=24 대각선 방향으로 더하고, 왼쪽에서부터 차례로 읽으면 252가 됩니다.

❷ 63 × 4

240 + 12 = 252

해설 63을 /로 긋고, 4를 \로 그었을 때, 왼쪽에서 만나는 점은 24개(240), 오른쪽에 만나는 점은 12개이므로 240+12=252가 됩니다.

4 올림이 있는 (몇십 몇) × (몇) 계산하기 — 3단계 Calculation Master

◎ 계산해 보세요.

3단계 4 올림이 있는 (몇십 몇) × (몇) 계산하기

5 규칙을 찾아서 계산하기

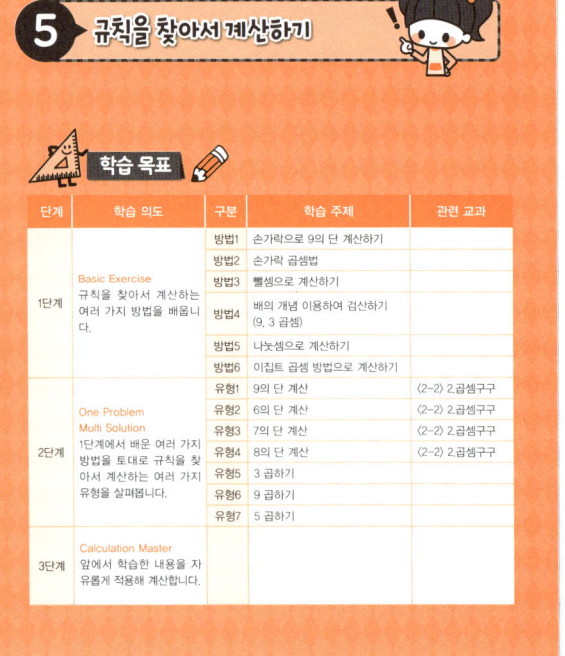

학습 목표

단계	학습 의도	구분	학습 주제	관련 교과
1단계	규칙을 찾아서 계산하는 여러 가지 방법을 배웁니다.	방법1	손가락으로 9의 단 계산하기	
		방법2	손가락 곱셈법	
		방법3	뺄셈으로 계산하기	
		방법4	배의 개념 이용하여 검산하기 (9, 3 곱셈)	
		방법5	나눗셈으로 계산하기	
		방법6	이집트 곱셈 방법으로 계산하기	
2단계	One Problem Multi Solution 1단계에서 배운 여러 가지 방법을 토대로 규칙을 찾아서 계산하는 여러 가지 유형을 살펴봅니다.	유형1	9의 단 계산	(2-2) 2.곱셈구구
		유형2	6의 단 계산	(2-2) 2.곱셈구구
		유형3	7의 단 계산	(2-2) 2.곱셈구구
		유형4	8의 단 계산	(2-2) 2.곱셈구구
		유형5	3 곱하기	
		유형6	9 곱하기	
		유형7	7 곱하기	
3단계	Calculation Master 앞에서 학습한 내용을 자유롭게 적용해 계산합니다.			

5. 규칙을 찾아서 계산하기

Basic Exercise · 1단계

Q1 □ 안에 알맞은 수를 써넣으세요.

방법 ① 손가락으로 9의 단 계산하기

① 9 × 1

접은 손가락의 왼쪽 손가락 개수 = [0] (십의 자리)
접은 손가락의 오른쪽 손가락 개수 = [9] (일의 자리)
⇒ 9 × 1 = [9]

② 9 × 2
접은 손가락의 왼쪽 손가락 개수 = [1] (십의 자리)
접은 손가락의 오른쪽 손가락 개수 = [8] (일의 자리)
⇒ 9 × 2 = [18]

❶ 9 × 4
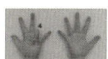
접은 손가락의 왼쪽 손가락 개수 = [3] (십의 자리)
접은 손가락의 오른쪽 손가락 개수 = [6] (일의 자리)
⇒ 9 × 4 = [36]

[해설] 9×4이므로 4번째 손가락을 접은 후에 접은 손가락을 기준으로 왼쪽은 3개, 오른쪽은 6개이므로 36입니다.

❷ 9 × 3

접은 손가락의 왼쪽 손가락 개수 = [2] (십의 자리)
접은 손가락의 오른쪽 손가락 개수 = [7] (일의 자리)
⇒ 9 × 3 = [27]

[해설] 9×3이므로 3번째 손가락을 접은 후에 접은 손가락을 기준으로 왼쪽은 2개, 오른쪽은 7개이므로 27입니다.

❸ 9 × 7
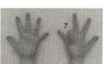
접은 손가락의 왼쪽 손가락 개수 = [6] (십의 자리)
접은 손가락의 오른쪽 손가락 개수 = [3] (일의 자리)
⇒ 9 × 7 = [63]

[해설] 9×7이므로 7번째 손가락을 접은 후에 접은 손가락을 기준으로 왼쪽은 6개, 오른쪽은 3개이므로 63입니다.

❹ 9 × 9
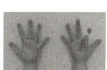
접은 손가락의 왼쪽 손가락 개수 = [8] (십의 자리)
접은 손가락의 오른쪽 손가락 개수 = [1] (일의 자리)
⇒ 9 × 9 = [81]

[해설] 9×9이므로 9번째 손가락을 접은 후에 접은 손가락을 기준으로 왼쪽은 8개, 오른쪽은 1개이므로 81입니다.

Q2 □ 안에 알맞은 수를 써넣으세요.

방법 ② 손가락 곱셈법

① 6 × 8

아래쪽 손가락의 개수(붙인 손가락 포함) = [4] (십의 자리)
위쪽 손가락의 개수의 곱 = [4] × [2] = [8] (일의 자리)
⇒ [40] + [8] = [48]

② 6 × 7
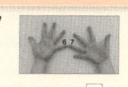
아래쪽 손가락의 개수(붙인 손가락 포함) = [3] (십의 자리)
위쪽 손가락의 개수의 곱 = [4] × [3] = [12] (일의 자리)
⇒ [30] + [12] = [42]

❶ 7 × 8

아래쪽 손가락의 개수(붙인 손가락 포함) = [5] (십의 자리)
위쪽 손가락의 개수의 곱 = [3] × [2] = [6]
⇒ [50] + [6] = [56]

[해설] 붙인 손가락을 포함한 아래 손가락 개수는 5, 위쪽 손가락 개수의 곱은 6이므로 56이 됩니다.

❷ 6 × 9

아래쪽 손가락의 개수(붙인 손가락 포함) = [5] (십의 자리)
위쪽 손가락의 개수의 곱 = [4] × [1] = [4]
⇒ [50] + [4] = [54]

[해설] 붙인 손가락을 포함한 아래 손가락 개수는 5, 위쪽 손가락 개수의 곱은 4이므로 54가 됩니다.

❸ 6 × 6
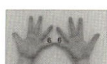
아래쪽 손가락의 개수(붙인 손가락 포함) = [2] (십의 자리)
위쪽 손가락의 개수의 곱 = [4] × [4] = [16] (일의 자리)
⇒ [20] + [16] = [36]

[해설] 붙인 손가락을 포함한 아래 손가락 개수는 2, 위쪽 손가락 개수의 곱은 16이므로 36이 됩니다.

❹ 7 × 7

아래쪽 손가락의 개수(붙인 손가락 포함) = [6] (십의 자리)
위쪽 손가락의 개수의 곱 = [3] × [3] = [9] (일의 자리)
⇒ [60] + [3] = [63]

[해설] 붙인 손가락을 포함한 아래 손가락 개수는 6, 위쪽 손가락 개수의 곱은 3이므로 63이 됩니다.

Q3 □ 안에 알맞은 수를 써넣으세요.

방법 ③ 뺄셈으로 계산하기

① 8 × 9
= 8 × 10 - [8]
= [80] - 8
= [72]

② 12 × 9
= 12 × 10 - [12]
= [120] - 12
= [108]

❶ 4 × 9
= 4 × 10 - [4]
= [40] - 4
= [36]

[해설] 4×9에서 4에 10을 곱한 다음 4를 1번 빼주면 계산이 쉽습니다. 40-4=36이 됩니다.

❷ 7 × 9
= 7 × 10 - [7]
= [70] - 7
= [63]

[해설] 7×9에서 7에 10을 곱한 다음(7×10=70) 7을 1번 빼주면 계산이 쉽습니다. 70-7=63이 됩니다.

❸ 17 × 9
= 17 × 10 - [17]
= [170] - 17
= [153]

[해설] 17×9에서 17에 10을 곱한 다음(17×10=170) 17을 1번 빼주면 계산이 쉽습니다. 170-17=153이 됩니다.

❹ 24 × 9
= 24 × 10 - [24]
= [240] - 24
= [216]

[해설] 24×9에서 24에 10을 곱한 다음(24×10=240) 24를 1번 빼주면 계산이 쉽습니다. 240-24=216이 됩니다.

Q4 □ 안에 알맞은 수를 써넣으세요.

방법 ④ 배의 개념 이용하여 검산하기 (9, 3 곱셈)

① 9 × 3 = [27]
계산한 결과의 각 자리 숫자의 합 : [2] + [7] = [9]
각 자리 수의 합이 9의 배수인지 확인 : 9 × [1] = [9]
➡ 계산이 (맞습니다, 틀립니다.)

② 17 × 3 = [51]
계산한 결과의 각 자리 숫자의 합 : [5] + [1] = [6]
각 자리 수의 합이 3의 배수인지 확인 : 3 × [2] = [6]
➡ 계산이 (맞습니다, 틀립니다.)

❶ 7 × 9 = [63]
계산한 결과의 각 자리 숫자의 합 : [6] + [3] = [9]
각 자리 수의 합이 9의 배수인지 확인 : 9 × [1] = [9]
➡ 계산이 (맞습니다), 틀립니다.

[해설] 7×9=63이고 각 자리 숫자의 합은 6+3=9이므로 9의 배수(9×1=9)가 맞습니다.

❷ 8 × 9 = [72]
계산한 결과의 각 자리 숫자의 합 : [7] + [2] = [9]
각 자리 수의 합이 9의 배수인지 확인 : 9 × [1] = [9]
➡ 계산이 (맞습니다), 틀립니다.

[해설] 8×9=72이고 각 자리 숫자의 합은 7+2=9이므로 9의 배수(9×1=9)가 맞습니다.

❸ 27 × 3 = [81]
계산한 결과의 각 자리 숫자의 합 : [8] + [1] = [9]
각 자리 수의 합이 3의 배수인지 확인 : 3 × [3] = [9]
➡ 계산이 (맞습니다), 틀립니다.

[해설] 27×3=81이고 각 자리 숫자의 합은 8+1=9이므로 3의 배수(3×3=9)가 맞습니다.

❹ 32 × 3 = [96]
계산한 결과의 각 자리 숫자의 합 : [9] + [6] = [15]
각 자리 수의 합이 3의 배수인지 확인 : 3 × [5] = [15]
➡ 계산이 (맞습니다), 틀립니다.

[해설] 32×3=96이고 각 자리 숫자의 합은 9+6=15이므로 3의 배수(3×5=15)가 맞습니다.

Q5 □ 안에 알맞은 수를 써넣으세요.

방법 ❺ 나눗셈으로 계산하기

❶ 8 × 5
= 8 × 10 ÷ 2
= 80 ÷ 2
= 40

❷ 16 × 5
= 16 × 10 ÷ 2
= 160 ÷ 2
= 80

❶ 7 × 5
= 7 × 10 ÷ 2
= 70 ÷ 2
= 35

❸ 24 × 5
= 24 × 10 ÷ 2
= 240 ÷ 2
= 120

해설 7×5에서 7에 10을 곱한 다음(7×10=70) 2로 나누면 계산이 쉽습니다. 70÷2=35가 됩니다.

해설 24×5에서 24에 10을 곱한 다음(24×10=240) 2로 나누면 계산이 쉽습니다. 240÷2=120이 됩니다.

❷ 9 × 5
= 9 × 10 ÷ 2
= 90 ÷ 2
= 45

❹ 38 × 5
= 38 × 10 ÷ 2
= 380 ÷ 2
= 190

해설 9×5에서 9에 10을 곱한 다음(9×10=90) 2로 나누면 계산이 쉽습니다. 90÷2=45가 됩니다.

해설 38×5에서 38에 10을 곱한 다음(38×10=380) 2로 나누면 계산이 쉽습니다. 380÷2=190이 됩니다.

Q6 □ 안에 알맞은 수를 써넣으세요.

방법 ❻ 이집트 곱셈 방법으로 계산하기

❶ 6 × 5

	6 × 5	
	1	5
V	2	10
V	4	20

10 + 20 = 30

① 왼쪽에서 1, 2, 4, 8, …에 1에서부터 2씩 곱한 수를 써내려 간다. 더해서 6이 되는 수를 찾으면 멈추고 ✓로 표시한다. 2+4=6이므로 2와 4에 ✓표 한다.
② 오른쪽 곱하는 수 5에서 2씩 곱해 써내려 간다. 왼쪽에 ✓표한 곳까지 계산한다.
③ ✓표한 오른쪽 수를 모두 더하면 6×5의 답이 나온다. 10+20=30이므로 6×5=30이다.

❶ 7 × 8

	7 × 8	
V	1	8
V	2	16
V	4	32

8 + 16 + 32 = 56

해설 7 밑에 더해서 7이 되는 경우는 1, 2, 4이므로 8 아래에 있는 8, 16, 32를 더하면 56이 됩니다.

❸ 14 × 9

	14 × 9	
	1	9
V	2	18
V	4	36
V	8	72

18 + 36 + 72 = 126

해설 14 밑에 더해서 14가 되는 경우는 2, 4, 8이므로 9 아래에 있는 18, 36, 72를 더하면 126이 됩니다.

❷ 12 × 6

	12 × 6	
	1	6
	2	12
V	4	24
V	8	48

24 + 48 = 72

해설 12 밑에 더해서 12가 되는 경우는 4와 8이므로 6 아래에 있는 24와 48을 더하면 72가 됩니다.

❹ 13 × 8

	13 × 8	
V	1	8
	2	16
V	4	32
V	8	64

8 + 32 + 64 = 104

해설 13 밑에 더해서 13이 되는 경우는 1, 4, 8이므로 8 아래에 있는 8, 32, 64를 더하면 104가 됩니다.

5 규칙을 찾아서 계산하기 (2단계)

One Problem Multi Solution

유형1 9의 단 계산

곱셈구구에서 9의 단을 여러 가지 방법으로 계산해 봅시다.

방법 ❶ 손가락으로 9의 단 계산하기

9 × 7

접은 손가락의 왼쪽 손가락 개수 : 6 (십의 자리)
접은 손가락의 오른쪽 손가락 개수 : 3
9 × 7 = 63

방법 ❷ 손가락 곱셈법

9 × 7

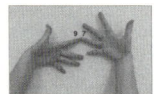

아래쪽 손가락의 개수(붙인 손가락 포함) : 6 (십의 자리)
위쪽 손가락의 개수의 곱 : 1 × 3 = 3 (일의 자리)
⇒ 60 + 3 = 63

◎ 계산해 보세요.

1. 9 × 6

❶ 9 × 6

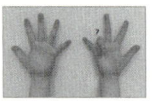

접은 손가락의 왼쪽 손가락 개수 : 5 (십의 자리)
접은 손가락의 오른쪽 손가락 개수 : 4 (일의 자리)
⇒ 9 × 6 = 54

해설 9×6이므로 6번째 손가락을 접은 후에 접은 손가락을 기준으로 왼쪽은 5개, 오른쪽은 4개이므로 54입니다.

❷ 9 × 6

아래쪽 손가락의 개수(붙인 손가락 포함) : 5 (십의 자리)
위쪽 손가락의 개수의 곱 : 1 × 4 = 4 (일의 자리)
⇒ 50 + 4 = 54

해설 붙인 손가락을 포함한 아래 손가락 개수는 5, 위쪽 손가락 개수의 곱은 4이므로 54가 됩니다.

2. 9 × 8

❶ 9 × 8

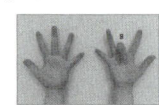

접은 손가락의 왼쪽 손가락 개수 : 7 (십의 자리)
접은 손가락의 오른쪽 손가락 개수 : 2 (일의 자리)
⇒ 9 × 8 = 72

해설 9×8이므로 8번째 손가락을 접은 후에 접은 손가락을 기준으로 왼쪽은 7개, 오른쪽은 2개이므로 72입니다.

❷ 9 × 8

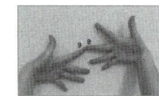

아래쪽 손가락의 개수(붙인 손가락 포함) : 7 (십의 자리)
위쪽 손가락의 개수의 곱 : 1 × 2 = 2 (일의 자리)
⇒ 70 + 2 = 72

해설 붙인 손가락을 포함한 아래 손가락 개수는 7, 위쪽 손가락의 곱은 2이므로 72가 됩니다.

3. 9 × 9

❶ 9 × 9

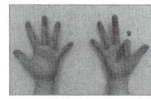

접은 손가락의 왼쪽 손가락 개수 : 8 (십의 자리)
접은 손가락의 오른쪽 손가락 개수 : 1 (일의 자리)
⇒ 9 × 9 = 81

해설 9×9이므로 9번째 손가락을 접은 후에 접은 손가락을 기준으로 왼쪽은 8개, 오른쪽은 1개이므로 81입니다.

❷ 9 × 9

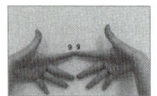

아래쪽 손가락의 개수(붙인 손가락 포함) : 8 (십의 자리)
위쪽 손가락의 개수의 곱 : 1 × 1 = 1 (일의 자리)
⇒ 80 + 1 = 81

해설 붙인 손가락을 포함한 아래 손가락 개수는 8, 위쪽 손가락 개수의 곱은 1이므로 81이 됩니다.

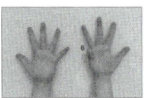

2단계 ⑤ 규칙을 찾아서 계산하기 유형2

유형2 6의 단 계산
곱셈구구에서 6의 단을 여러 가지 방법으로 계산해 봅시다.

방법 ❷ 손가락 곱셈법
6 × 6

아래쪽 손가락의 개수(붙인 손가락 포함) : 2 (십의 자리)
위쪽 손가락의 개수의 곱 : 4 × 4 = 16 (일의 자리)

20 + 16 = 36

방법 ❻ 이집트 곱셈 방법으로 계산하기
6 × 6 = 36

	6 × 6	
	1	5
V	2	12
V	4	24

12 + 24 = 36

◎ 계산해 보세요.

1. 6 × 7

❶ 6 × 7

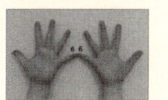

아래쪽 손가락의 개수(붙인 손가락 포함) : 3 (십의 자리)
위쪽 손가락의 개수의 곱 : 4 × 3 = 12 (일의 자리)

⇒ 30 + 12 = 42

해설 붙인 손가락을 포함한 아래 손가락 개수는 3, 위쪽 손가락 개수의 곱은 12이므로 42가 됩니다.

❷ 6 × 7

	6 × 7	
	1	7
V	2	14
V	4	28

14 + 28 = 42

해설 6×7에서 6 밑에 1, 2, 4에서 더해서 6이 되는 경우는 2, 4이고 이때 7 아래에 있는 수는 14, 28이므로 14+28=42가 됩니다.

2. 6 × 8

❶ 6 × 8

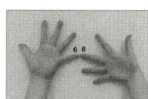

아래쪽 손가락의 개수(붙인 손가락 포함) : 4 (십의 자리)
위쪽 손가락의 개수의 곱 : 4 × 2 = 8 (일의 자리)

⇒ 40 + 8 = 48

해설 붙인 손가락을 포함한 아래 손가락 개수는 4, 위쪽 손가락 개수의 곱은 8이므로 48이 됩니다.

❷ 6 × 8

	6 × 8	
	1	8
V	2	16
V	4	32

16 + 32 = 48

해설 6×8에서 6 밑에 1, 2, 4에서 더해서 6이 되는 경우는 2, 4이고 이때 8 아래에 있는 수는 16, 32이므로 16+32=48가 됩니다.

3. 6 × 9

❶ 6 × 9

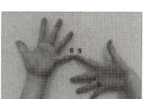

아래쪽 손가락의 개수(붙인 손가락 포함) : 5 (십의 자리)
위쪽 손가락의 개수의 곱 : 4 × 1 = 4 (일의 자리)

⇒ 50 + 4 = 54

해설 붙인 손가락을 포함한 아래 손가락 개수는 5, 위쪽 손가락 개수의 곱은 4이므로 54가 됩니다.

❷ 6 × 9

	6 × 9	
	1	9
V	2	18
V	4	36

18 + 36 = 54

해설 6×9에서 6 밑에 1, 2, 4에서 더해서 6이 되는 경우는 2, 4이고 이때 9 아래에 있는 수는 18, 36이므로 18+36=54가 됩니다.

2단계 ⑤ 규칙을 찾아서 계산하기 유형3

유형3 7의 단 계산
곱셈구구에서 6의 단을 여러 가지 방법으로 계산해 봅시다.

방법 ❷ 손가락 곱셈법
7 × 7

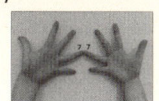

아래쪽 손가락의 개수(붙인 손가락 포함) : 4 (십의 자리)
위쪽 손가락의 개수의 곱 : 3 × 3 = 9 (일의 자리)

⇒ 40 + 9 = 49

방법 ❻ 이집트 곱셈 방법으로 계산하기
7 × 7 = 49

	7 × 7	
	1	5
V	2	14
V	4	28

7 + 14 + 28 = 49

◎ 계산해 보세요.

1. 7 × 6

❶ 7 × 6

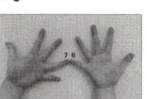

아래쪽 손가락의 개수(붙인 손가락 포함) : 3 (십의 자리)
위쪽 손가락의 개수의 곱 : 3 × 4 = 12 (일의 자리)

⇒ 30 + 12 = 42

해설 붙인 손가락을 포함한 아래 손가락 개수는 3, 위쪽 손가락 개수의 곱은 12이므로 42가 됩니다.

❷ 7 × 6

	7 × 6	
V	1	6
V	2	12
V	4	24

6 + 12 + 24 = 42

해설 7×6에서 7 밑에 1, 2, 4에서 더해서 7이 되는 경우는 1, 2, 4이고 이때 6 아래에 있는 수는 6, 12, 24이므로 6+12+24=42가 됩니다.

2. 7 × 8

❶ 7 × 8

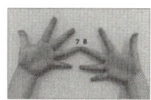

아래쪽 손가락의 개수(붙인 손가락 포함) : 5 (십의 자리)
위쪽 손가락의 개수의 곱 : 3 × 2 = 6 (일의 자리)

⇒ 50 + 6 = 56

해설 붙인 손가락을 포함한 아래 손가락 개수는 5, 위쪽 손가락 개수의 곱은 6이므로 56이 됩니다.

❷ 7 × 8

	7 × 8	
V	1	8
V	2	16
V	4	32

8 + 16 + 32 = 56

해설 7×8에서 7 밑에 1, 2, 4에서 더해서 7이 되는 경우는 1, 2, 4이고 이때 8 아래에 있는 수는 8, 16, 32이므로 8+16+32=56이 됩니다.

3. 7 × 9

❶ 7 × 9

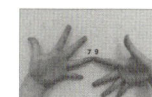

아래쪽 손가락의 개수(붙인 손가락 포함) : 6 (십의 자리)
위쪽 손가락의 개수의 곱 : 3 × 1 = 3 (일의 자리)

⇒ 60 + 3 = 63

해설 붙인 손가락을 포함한 아래 손가락 개수는 6, 위쪽 손가락 개수의 곱은 3이므로 63이 됩니다.

❷ 7 × 9

	7 × 9	
V	1	9
V	2	18
V	4	36

9 + 18 + 36 = 63

해설 7×9에서 7 밑에 1, 2, 4에서 더해서 7이 되는 경우는 1, 2, 4이고 이때 9 아래에 있는 수는 9, 18, 36이므로 9+18+36=63이 됩니다.

2단계 ⑤ 규칙을 찾아서 계산하기 유형4

유형4 8의 단 계산

곱셈구구에서 8의 단을 여러 가지 방법으로 계산해 봅시다.

방법 ② 손가락 곱셈법

8×8

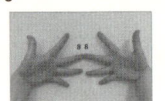

아래쪽 손가락의 개수(붙인 손가락 포함) : 6 (십의 자리)
위쪽 손가락의 개수의 곱 : $2 \times 2 = 4$ (일의 자리)
⇒ $60 + 4 = 64$

방법 ③ 뺄셈으로 계산하기

8×8
$= 8 \times 10 - 8 - 8$
$= 80 - 8 - 8$
$= 72 - 8$
$= 64$

◎ 계산해 보세요.

1. 8×6

❶ 8×6

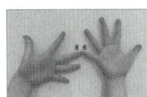

아래쪽 손가락의 개수(붙인 손가락 포함) : 4 (십의 자리)
위쪽 손가락의 개수의 곱 : $2 \times 4 = 8$ (일의 자리)
⇒ $40 + 8 = 48$

해설 붙인 손가락을 포함한 아래 손가락의 개수는 4, 위쪽 손가락 개수의 곱은 8이므로 48이 됩니다.

❷ $8 \times 6 = 6 \times 8$
$= 6 \times 10 - 6 - 6$
$= 60 - 6 - 6$
$= 54 - 6$
$= 48$

해설 $8 \times 6 = 6 \times 8$에서 6에 10을 곱한 다음($6 \times 10 = 60$) 6을 2번 빼주면 계산이 쉽습니다. $60 - 6 = 54 - 6 = 48$이 됩니다.

2. 8×7

❶ 8×7

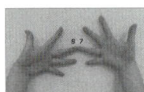

아래쪽 손가락의 개수(붙인 손가락 포함) : 5 (십의 자리)
위쪽 손가락의 개수의 곱 : $2 \times 3 = 6$ (일의 자리)
⇒ $50 + 6 = 56$

해설 붙인 손가락을 포함한 아래 손가락의 개수는 5, 위쪽 손가락 개수의 곱은 6이므로 56이 됩니다.

❷ $8 \times 7 = 7 \times 8$
$= 7 \times 10 - 7 - 7$
$= 70 - 7 - 7$
$= 63 - 7$
$= 56$

해설 $8 \times 7 = 7 \times 8$에서 7에 10을 곱한 다음($7 \times 10 = 70$) 7을 2번 빼주면 계산이 쉽습니다. $70 - 7 - 7 = 63 - 7 = 56$이 됩니다.

3. 8×9

❶ 8×9

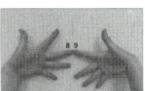

아래쪽 손가락의 개수(붙인 손가락 포함) : 7 (십의 자리)
위쪽 손가락의 개수의 곱 : $2 \times 1 = 2$ (일의 자리)
⇒ $70 + 2 = 72$

해설 붙인 손가락을 포함한 아래 손가락의 개수는 7, 위쪽 손가락 개수의 곱은 2이므로 72가 됩니다.

❷ $8 \times 9 = 9 \times 8$
$= 9 \times 10 - 9 - 9$
$= 90 - 9 - 9$
$= 81 - 9$
$= 72$

해설 $8 \times 9 = 9 \times 8$에서 9에 10을 곱한 다음($9 \times 10 = 90$) 9를 2번 빼주면 계산이 쉽습니다. $90 - 9 - 9 = 81 - 9 = 72$가 됩니다.

2단계 ⑤ 규칙을 찾아서 계산하기 유형5

유형5 3 곱하기

곱셈이 바르게 계산되었는지 검산해 보고, 이집트 곱셈 방법을 익혀 봅시다.

방법 ④ 배의 개념 이용하여 검산하기

$21 \times 3 = 63$
계산한 결과의 각 자리 숫자의 합 : $6 + 3 = 9$
각 자리 수의 합이 3의 배수인지 확인 : $3 \times 3 = 9$
➡ 계산이 (맞습니다 / 틀립니다.)

방법 ⑥ 이집트 곱셈 방법으로 계산하기

$21 \times 3 = 3 \times 21$

	3×21	
V	1	21
V	2	42
	$21 + 42 = 63$	

◎ 계산해 보세요.

1. 26×3

❶ $26 \times 3 = 78$
계산한 결과의 각 자리 숫자의 합 :
$7 + 8 = 15$
각 자리 수의 합이 3의 배수인지 확인 :
$3 \times 5 = 15$
➡ 계산이 (맞습니다) 틀립니다.

해설 $26 \times 3 = 78$이고, 각 자리 숫자의 합이 $7 + 8 = 15$이므로 3의 배수($3 \times 5 = 15$)가 맞습니다.

❷ $26 \times 3 = 3 \times 26$

	3×26	
V	1	26
V	2	52
	$26 + 52 = 78$	

해설 $26 \times 3 = 3 \times 26$이고, 3 밑에 1, 2에서 더해서 3이 되는 경우는 1, 2이고, 이때 26 아래에 있는 수는 26, 52이므로 $26 + 52 = 78$이 됩니다.

2. 34×3

❶ $34 \times 3 = 102$
계산한 결과의 각 자리 숫자의 합 :
$1 + 0 + 2 = 3$
각 자리 수의 합이 3의 배수인지 확인 :
$3 \times 1 = 3$
➡ 계산이 (맞습니다) 틀립니다.

해설 $34 \times 3 = 102$이고, 각 자리 숫자의 합은 $1 + 0 + 2 = 3$이므로 3의 배수($3 \times 1 = 3$)가 맞습니다.

❷ $34 \times 3 = 3 \times 34$

	3×34	
V	1	34
V	2	68
	$34 + 68 = 102$	

해설 $34 \times 3 = 3 \times 34$이고, 3 밑에 1, 2에서 더해서 3이 되는 경우는 1, 2이고, 이때 34 아래에 있는 수는 34, 68이므로 $34 + 68 = 102$가 됩니다.

3. 48×3

❶ $48 \times 3 = 144$
계산한 결과의 각 자리 숫자의 합 :
$1 + 4 + 4 = 9$
각 자리 수의 합이 3의 배수인지 확인 :
$3 \times 3 = 9$
➡ 계산이 (맞습니다) 틀립니다.

해설 $48 \times 3 = 144$이고, 각 자리 숫자의 합은 $1 + 4 + 4 = 9$이므로 3의 배수($3 \times 3 = 9$)가 맞습니다.

❷ $48 \times 3 = 3 \times 48$

	3×48	
V	1	48
V	2	96
	$48 + 96 = 144$	

해설 $48 \times 3 = 3 \times 48$이고, 3 밑에 1, 2에서 더해서 3이 되는 경우는 1, 2이고, 이때 48 아래에 있는 수는 48, 96이므로 $48 + 96 = 144$가 됩니다.

2단계 ⑤ 규칙을 찾아서 계산하기 유형6

유형6 9 곱하기
곱셈이 바르게 계산되었는지 검산하는 방법을 알아보고, 다양한 방법으로 곱셈을 계산해 봅시다.

방법 ④ 배의 개념 이용하여 검산하기

16 × 9 = 144

계산한 결과의 각 자리 숫자의 합: 1+4+4=9

각 자리 수의 합이 9의 배수인지 확인: 9×1 =9

→ 계산이 (맞습니다.) 틀립니다.

방법 ⑤ 뺄셈으로 계산하기

16 × 9
= 16 × 10 - 16
= 160 - 16
= 144

◎ 계산해 보세요.

1. 23 × 9

❶ 23 × 9 = 207

계산한 결과의 각 자리 숫자의 합:
2 + 0 + 7 = 9

각 자리 수의 합이 3의 배수인지 확인:
9 × 1 = 9

→ 계산이 (맞습니다.) 틀립니다.

[해설] 23×9=207이고 각 자리 숫자의 합은 2+0+7=9이므로 9의 배수(9×1=9)가 맞습니다.

❷ 23 × 9
= 23 × 10 - 23
= 230 - 23
= 207

[해설] 23×9에서 230에 10을 곱한 다음(23×10=230) 23을 1번 빼주면 계산이 쉽습니다. 230-23=207이 됩니다.

2. 32 × 9

❶ 32 × 9 = 288

계산한 결과의 각 자리 숫자의 합:
2 + 8 + 8 = 18

각 자리 수의 합이 3의 배수인지 확인:
9 × 2 = 18

→ 계산이 (맞습니다.) 틀립니다.

[해설] 32×9=288이고 각 자리 숫자의 합은 2+8+8=18이므로 9의 배수(9×2=18)가 맞습니다.

❷ 32 × 9
= 32 × 10 - 32
= 320 - 32
= 288

[해설] 32×9에서 320에 10을 곱한 다음(32×10=320) 32를 1번 빼주면 계산이 쉽습니다. 320-32=288이 됩니다.

3. 45 × 9

❶ 45 × 9 = 405

계산한 결과의 각 자리 숫자의 합:
4 + 0 + 5 = 9

각 자리 수의 합이 3의 배수인지 확인:
9 × 1 = 9

→ 계산이 (맞습니다.) 틀립니다.

[해설] 45×9=405이고 각 자리 숫자의 합은 4+0+5=9이므로 9의 배수(9×1=9)가 맞습니다.

❷ 45 × 9
= 45 × 10 - 45
= 450 - 45
= 405

[해설] 45×9에서 450에 10을 곱한 다음(45×10=450) 45를 1번 빼주면 계산이 쉽습니다. 450-45=405가 됩니다.

2단계 ⑤ 규칙을 찾아서 계산하기 유형7

유형7 5 곱하기
어떤 수에 5를 곱하는 여러 가지 방법을 알아봅시다.

방법 ⑤ 나눗셈으로 계산하기

17 × 5
= 17 × 10 ÷ 2
= 170 ÷ 2
= 85

방법 ③ 뺄셈으로 계산하기

17 × 5 = 5 × 17 = 85

	5	×	17
V	1		17
	2		34
V	4		68

17 + 68 = 85

◎ 계산해 보세요.

1. 23 × 5

❶ 23 × 5
= 23 × 10 ÷ 2
= 230 ÷ 2
= 115

[해설] 23×5에서 230에 10을 곱한 다음(23×10=230) 2로 나누면 계산이 쉽습니다. 230÷2=115가 됩니다.

❷ 23 × 5 = 5 × 23

	5	×	23
V	1		23
	2		46
V	4		92

23 + 92 = 115

[해설] 23×5=5×23이고 5 밑에 1, 2, 4에서 더해서 5가 되는 경우는 1, 4이고 이때 23 아래에 있는 수는 23, 92이므로 23+92=115가 됩니다.

2. 36 × 5

❶ 36 × 5
= 36 × 10 ÷ 2
= 360 ÷ 2
= 180

[해설] 36×5에서 360에 10을 곱한 다음(36×10=360) 2로 나누면 계산이 쉽습니다. 360÷2=180이 됩니다.

❷ 36 × 5 = 5 × 36

	5	×	36
V	1		36
	2		72
V	4		144

36 + 144 = 180

[해설] 36×5=5×36이고 5 밑에 1, 2, 4에서 더해서 5가 되는 경우는 1, 4이고 이때 23 아래에 있는 수는 36, 144이므로 36+144=180이 됩니다.

3. 42 × 5

❶ 42 × 5
= 42 × 10 ÷ 2
= 420 ÷ 2
= 210

[해설] 42×5에서 42에 10을 곱한 다음(42×10=240) 2로 나누면 계산이 쉽습니다. 420÷2=210이 됩니다.

❷ 42 × 5 = 5 × 42

	5	×	42
V	1		42
	2		84
V	4		168

42 + 168 = 210

[해설] 42×5=5×42이고 5 밑에 1, 2, 4에서 더해서 5가 되는 경우는 1, 4이고 이때 23 아래에 있는 수는 42, 168이므로 42+168=210이 됩니다.

5 규칙을 찾아서 계산하기 (3단계)

◎ 계산해 보세요.

① 9 × 8 = [72]
② 8 × 9 = [72]
③ 9 × 6 = [54]
④ 6 × 7 = [42]
⑤ 8 × 7 = [56]
⑥ 7 × 9 = [63]

⑦ 16 × 3 = [48]
⑧ 29 × 3 = [87]
⑨ 62 × 3 = [186]
⑩ 71 × 3 = [213]
⑪ 83 × 3 = [249]
⑫ 92 × 3 = [276]

⑬ 18 × 9 = [162]
⑭ 26 × 9 = [234]
⑮ 34 × 9 = [306]
⑯ 67 × 9 = [603]
⑰ 75 × 9 = [675]
⑱ 86 × 9 = [774]

⑲ 16 × 5 = [80]
⑳ 28 × 5 = [140]
㉑ 33 × 5 = [165]
㉒ 45 × 5 = [225]
㉓ 64 × 5 = [320]
㉔ 76 × 5 = [380]

6 곱셈식에서 ■의 값 구하기

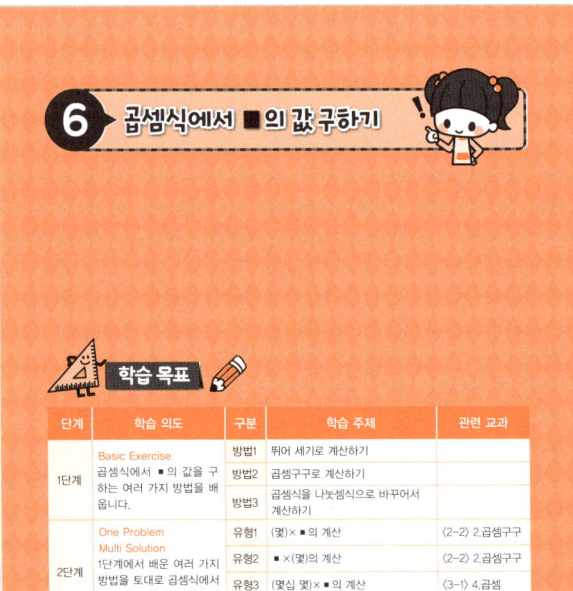

6 곱셈식에서 ■의 값 구하기 (1단계) Basic Exercise

Q1 □ 안에 알맞은 수를 써넣으세요.

방법 ① 뛰어 세기로 계산하기

❶ 8 × ■ = 24
8 - 16 - [24]
➡ 8씩 [3]번 뛰어 세었으므로
■ = 3

❷ ■ × 7 = 28 ⇒ 7 × ■ = 28
7 - 14 - [21] - [28]
➡ 7씩 [4]번 뛰어 세었으므로
■ = [4]

❶ 6 × ■ = 24
6 - 12 - [18] - [24]
➡ 6씩 [4]번 뛰어 세었으므로
■ = [4]

❸ ■ × 9 = 36 ⇒ 9 × ■ = 36
9 - 18 - [27] - [36]
➡ 9씩 [4]번 뛰어 세었으므로
■ = [4]

❷ 9 × ■ = 27
9 - [18] - [27]
➡ 9씩 [3]번 뛰어 세었으므로
■ = [3]

❹ ■ × 8 = 40 ⇒ 8 × ■ = 40
8 - 16 - [24] - [32] - [40]
➡ 8씩 [5]번 뛰어 세었으므로
■ = [5]

Q2 □ 안에 알맞은 수를 써넣으세요.

방법 ❷ 곱셈구구로 계산하기

❶ 8 × ■ = 32

×	1	2	3	4
8	8	16	24	32

■ = 4

❷ ■ × 6 = 36

×	1	2	3	4	5	6
6	6	12	18	24	30	36

■ = 3

❶ 9 × ■ = 45

×	1	2	3	4	5
9	9	18	27	36	45

■ = 5

해설 곱셈구구 9의 단에서 9×1=9부터 차례대로 쓰면 9-18-27-36-45가 나오므로 ■=5가 됩니다.

❷ 7 × ■ = 42

×	1	2	3	4	5	6
7	7	14	21	28	35	42

■ = 6

해설 곱셈구구 7의 단에서 7×1=7부터 차례대로 쓰면 7-14-21-28-35-42가 나오므로 ■=6이 됩니다.

❸ ■ × 5 = 30

×	1	2	3	4	5	6
5	5	10	15	20	25	30

■ = 6

해설 곱셈구구 5의 단에서 5×1=5부터 차례대로 쓰면 5-10-15-20-25-30이 나오므로 ■=6이 됩니다.

❹ ■ × 7 = 35

×	1	2	3	4	5
7	7	14	21	28	35

■ = 5

해설 곱셈구구 7의 단에서 7×1=7부터 차례대로 쓰면 7-14-21-28-35가 나오므로 ■=5가 됩니다.

Q3 □ 안에 알맞은 수를 써넣으세요.

방법 ❸ 곱셈식을 나눗셈식으로 바꾸어서 계산하기

❶ 8 × ■ = 40
⇒ 40 ÷ 8 = ■
■ = 5

❷ ■ × 7 = 42
⇒ 42 ÷ 7 = ■
■ = 6

❶ 6 × ■ = 48
⇒ 48 ÷ 6 = ■
■ = 8

해설 나눗셈의 몫과 나누는 수를 바꾸어서 ■를 구할 수 있습니다. 6×■=48⇒48÷6=■입니다. 따라서 ■=8입니다.

❷ 9 × ■ = 54
⇒ 54 ÷ 9 = ■
■ = 6

해설 나눗셈의 몫과 나누는 수를 바꾸어서 ■를 구할 수 있습니다. 9×■=54⇒54÷9=■입니다. 따라서 ■=6입니다.

❸ 7 × ■ = 28
⇒ 28 ÷ 7 = ■
■ = 4

해설 나눗셈의 몫과 나누는 수를 바꾸어서 ■를 구할 수 있습니다. 7×■=28⇒28÷7=■입니다. 따라서 ■=4입니다.

❹ ■ × 8 = 32
⇒ 32 ÷ 8 = ■
■ = 4

해설 나눗셈의 몫과 나누는 수를 바꾸어서 ■를 구할 수 있습니다. ■×8=32⇒32÷8=■입니다. 따라서 ■=4입니다.

❺ ■ × 4 = 36
⇒ 36 ÷ 4 = ■
■ = 9

해설 나눗셈의 몫과 나누는 수를 바꾸어서 ■를 구할 수 있습니다. ■×4=36⇒36÷4=■입니다. 따라서 ■=9입니다.

❻ ■ × 5 = 40
⇒ 40 ÷ 5 = ■
■ = 8

해설 나눗셈의 몫과 나누는 수를 바꾸어서 ■를 구할 수 있습니다. ■×5=40⇒40÷5=■입니다. 따라서 ■=8입니다.

---

6 곱셈식에서 ■의 값 구하기 (2단계)

유형1 (몇) × ■의 계산

(몇) × ■을 여러 가지 방법으로 계산해 봅시다.

방법 ❶ 뛰어 세기로 계산하기

2 × ■ = 16
2-4-6-8-10-12-14-16
➡ 2씩 8번 뛰어 세었으므로
■ = 8

방법 ❷ 곱셈구구로 계산하기

2 × ■ = 16

×	1	2	3	4	5	6	7	8
2	2	4	6	8	10	12	14	16

■ = 8

방법 ❸ 곱셈식을 나눗셈식으로 바꾸어서 계산하기

2 × ■ = 16
⇒ 16 ÷ 2 = ■
■ = 8

◎ ■를 구해 보세요.

1. 3 × ■ = 21

❶ 3 × ■ = 21
3-6-9-12-15-18 - 21
➡ 3씩 7번 뛰어 세었으므로
■ = 7

해설 3×■=21이므로 3씩 뛰어 세면 3-6-9-12-15-18-21이 나오므로 7번 뛰어 세면 21이 됩니다.

❷ 3 × ■ = 21

×	1	2	3	4	5	6	7
3	3	6	9	12	15	18	21

■ = 7

해설 곱셈구구 3의 단에서 3×1=3부터 차례대로 쓰면 3-6-9-12-15-18-21이 나오므로 ■=7이 됩니다.

❸ 3 × ■ = 21
⇒ 21 ÷ 3 = ■
■ = 7

해설 나눗셈의 몫과 나누는 수를 바꾸어서 ■를 구할 수 있습니다. 3×■=21⇒21÷3=■입니다. 따라서 ■=7입니다.

2. 7 × ■ = 49

❶ 7 × ■ = 49
7-14-21-28-35-42- 49
➡ 7씩 7번 뛰어 세었으므로
■ = 7

해설 7×■=49이므로 7씩 뛰어 세면 7-14-21-28-35-42-49가 나오므로 7번 뛰어 세면 49가 됩니다.

❷ 7 × ■ = 49

×	1	2	3	4	5	6	7
7	7	14	21	28	35	42	49

■ = 7

해설 곱셈구구 7의 단에서 7×1=7부터 차례대로 쓰면 7-14-21-28-35-42-49가 나오므로 ■=7이 됩니다.

❸ 7 × ■ = 49
⇒ 49 ÷ 7 = ■
■ = 7

해설 나눗셈의 몫과 나누는 수를 바꾸어서 ■를 구할 수 있습니다. 7×■=49⇒49÷7=■입니다. 따라서 ■=7입니다.

3. 8 × ■ = 72

❶ 8 × ■ = 72
8-16-24-32-40
-48-56- 64 - 72
➡ 8씩 9번 뛰어 세었으므로
■ = 9

해설 8×■=72이므로 8씩 뛰어 세면 8-16-24-32-40-48-56-64-72가 나오므로 9번 뛰어 세면 72가 됩니다.

❷ 8 × ■ = 72

×	1	2	3	4	5	6	7	8	9
8	8	16	24	32	40	48	56	64	72

■ = 9

해설 곱셈구구 8의 단에서 8×1=8부터 차례대로 쓰면 8-16-24-32-40-48-56-64-72가 나오므로 ■=9가 됩니다.

❸ 8 × ■ = 72
⇒ 72 ÷ 8 = ■
■ = 9

해설 나눗셈의 몫과 나누는 수를 바꾸어서 ■를 구할 수 있습니다. 8×■=72⇒72÷8=■입니다. 따라서 ■=9입니다.

2단계 ⑥ 곱셈식에서 ■의 값 구하기 [유형2]

유형2 ■ × (몇)의 계산
■×(몇)을 여러 가지 방법으로 계산해 봅시다.

방법 ❶ 뛰어 세기로 계산하기
■ × 3 = 18 ⇒ 3 × ■ = 18
3 - 6 - 9 - 12 - 15 - 18
➡ 3씩 6번 뛰어 세었으므로
■ = 6

방법 ❷ 곱셈구구로 계산하기
■ × 3 = 18

×	1	2	3	4	5	6
3	3	6	9	12	15	18

■ = 6

방법 ❸ 곱셈식을 나눗셈식으로 바꾸어서 계산하기
■ × 3 = 18
⇒ 18 ÷ 3 = ■
■ = 6

◎ ■를 구해 보세요.

1. ■ × 4 = 28

❶ ■ × 4 = 28 ⇒ 4 × ■ = 28
4 - 8 - 12 - 16 - 20 - 24 - 28
➡ 4씩 7 번 뛰어 세었으므로
■ = 7

[해설] ■×4이므로 4씩 뛰어 세면 4-8-12-16-20-24-28이 나오므로 7번 뛰어 세면 28이 됩니다.

❷ ■ × 4 = 28

×	1	2	3	4	5	6	7
4	4	8	12	16	20	24	28

■ = 7

[해설] 곱셈구구 4의 단에서 4×1=4부터 차례대로 쓰면 4-8-12-16-20-24-28이 나오므로 ■=7이 됩니다.

❸ ■ × 4 = 28
⇒ 28 ÷ 4 = ■
■ = 7

[해설] 나눗셈의 몫과 나누는 수를 바꾸어서 ■를 구할 수 있습니다. ■×4=28⇒28÷4=■입니다. 따라서 ■=7입니다.

2. ■ × 6 = 30

❶ ■ × 6 = 30 ⇒ 6 × ■ = 30
6 - 12 - 18 - 24 - 30
➡ 6씩 5 번 뛰어 세었으므로
■ = 5

[해설] ■×6이므로 6씩 뛰어 세면 6-12-18-24-30이 나오므로 5번 뛰어 세면 30이 됩니다.

❷ ■ × 6 = 30

×	1	2	3	4	5
6	6	12	18	24	30

■ = 5

[해설] 곱셈구구 6의 단에서 6×1=6부터 차례대로 쓰면 6-12-18-24-30이 나오므로 ■=5가 됩니다.

❸ ■ × 6 = 30
⇒ 30 ÷ 6 = ■
■ = 5

[해설] 나눗셈의 몫과 나누는 수를 바꾸어서 ■를 구할 수 있습니다. ■×6=30⇒30÷6=■입니다. 따라서 ■=5입니다.

3. ■ × 5 = 45

❶ ■ × 5 = 45 ⇒ 5 × ■ = 45
5 - 10 - 15 - 20 - 25 - 30 - 35 - 40 - 45
➡ 5씩 9 번 뛰어 세었으므로
■ = 9

[해설] ■×5 이므로 5씩 뛰어 세면 5-10-15-20-25-30-35-40-45가 나오므로 9번 뛰어 세면 45가 됩니다.

❷ ■ × 5 = 45

×	1	2	3	4	5	6	7	8	9
5	5	10	15	20	25	30	35	40	45

■ = 9

[해설] 곱셈구구 5의 단에서 5×1=5부터 차례대로 쓰면 5-10-15-20-25-30-35-40-45가 나오므로 ■=9가 됩니다.

❸ ■ × 5 = 45
⇒ 45 ÷ 5 = ■
■ = 9

[해설] 나눗셈의 몫과 나누는 수를 바꾸어서 ■를 구할 수 있습니다. ■×5=45⇒45÷5=■입니다. 따라서 ■=9입니다.

2단계 ⑥ 곱셈식에서 ■의 값 구하기 [유형3]

유형3 (몇십 몇) × ■의 계산
(몇십 몇)×■을 여러 가지 방법으로 계산해 봅시다.

방법 ❶ 뛰어 세기로 계산하기
13 × ■ = 39
13 - 26 - 39
➡ 13씩 3번 뛰어 세었으므로
■ = 3

방법 ❸ 곱셈식을 나눗셈식으로 바꾸어서 계산하기
13 × ■ = 39
⇒ 39 ÷ 13 = ■
■ = 3

◎ ■를 구해 보세요.

1. 21 × ■ = 42

❶ 21 × ■ = 42
21 - 42
➡ 2 번 뛰어 세었으므로
■ = 2

[해설] 21×■이므로 21씩 뛰어 세면 21-42가 나오므로 2번 뛰어 세면 42가 됩니다.

❷ 21 × ■ = 42
⇒ 42 ÷ 21 = ■
■ = 2

[해설] 나눗셈의 몫과 나누는 수를 바꾸어서 ■를 구할 수 있습니다. 21×■=42⇒42÷21=■입니다. 따라서 ■=2입니다.

2. 16 × ■ = 48

❶ 16 × ■ = 48
16 - 32 - 48
➡ 16씩 3 번 뛰어 세었으므로
■ = 3

[해설] 16×■이므로 16씩 뛰어 세면 16-32-48이 나오므로 3번 뛰어 세면 48이 됩니다.

❷ 16 × ■ = 48
⇒ 48 ÷ 16 = ■
■ = 3

[해설] 나눗셈의 몫과 나누는 수를 바꾸어서 ■를 구할 수 있습니다. 16×■=48⇒48÷16=■입니다. 따라서 ■=3입니다.

3. 23 × ■ = 69

❶ 23 × ■ = 69
23 - 46 - 69
➡ 23씩 3 번 뛰어 세었으므로
■ = 3

[해설] 23×■이므로 23씩 뛰어 세면 23-46-69가 나오므로 3번 뛰어 세면 69가 됩니다.

❷ 23 × ■ = 69
⇒ 69 ÷ 23 = ■
■ = 3

[해설] 나눗셈의 몫과 나누는 수를 바꾸어서 ■를 구할 수 있습니다. 23×■=69⇒69÷23=■입니다. 따라서 ■=3입니다.

2단계 6 곱셈식에서 ■의 값 구하기 유형4

유형4 ■×(몇십 몇)의 계산
■×(몇십 몇)을 여러 가지 방법으로 계산해 봅시다.

방법 ① 뛰어 세기로 계산하기

■ × 12 = 48
12 - 24 - 36 - 48
➡ 12씩 4번 뛰어 세었으므로
■ = 4

방법 ③ 곱셈식을 나눗셈식으로 바꾸어서 계산하기

■ × 12 = 48
⇒ 48 ÷ 12 = ■
■ = 4

◎ ■를 구해 보세요.

1. ■ × 24 = 72

❶ ■ × 24 = 72 ⇒ 24 × ■ = 72
24 - 48 - 72
➡ 24씩 3번 뛰어 세었으므로
■ = 3

해설 ■×24=72이므로 24씩 뛰어 세면 24-48-72가 나오므로 3번 뛰어 세면 72가 됩니다.

❷ ■ × 24 = 72
⇒ 72 ÷ 24 = ■
■ = 3

해설 나눗셈의 몫과 나누는 수를 바꾸어서 ■를 구할 수 있습니다. ■×24=72⇒72÷24=■ 입니다. 따라서 ■=3입니다.

2. ■ × 15 = 45

❶ ■ × 15 = 45 ⇒ 15 × ■ = 45
15 - 30 - 45
➡ 15씩 3번 뛰어 세었으므로
■ = 3

해설 ■×15이므로 15씩 뛰어 세면 15-30-45가 나오므로 3번 뛰어 세면 45가 됩니다.

❷ ■ × 15 = 45
⇒ 45 ÷ 15 = ■
■ = 3

해설 나눗셈의 몫과 나누는 수를 바꾸어서 ■를 구할 수 있습니다. ■×15=45⇒45÷15=■ 입니다. 따라서 ■=3입니다.

3. ■ × 32 = 64

❶ ■ × 32 = 64 ⇒ 32 × ■ = 64
32 - 64
➡ 32씩 2번 뛰어 세었으므로
■ = 2

해설 ■×32이므로 32씩 뛰어 세면 32-64가 나오므로 2번 뛰어 세면 64가 됩니다.

❷ ■ × 32 = 64
⇒ 64 ÷ 32 = ■
■ = 2

해설 나눗셈의 몫과 나누는 수를 바꾸어서 ■를 구할 수 있습니다. ■×32=64⇒64÷32=■ 입니다. 따라서 ■=2입니다.

---

6 곱셈식에서 ■의 값 구하기 — 3단계

◎ ■를 구해 보세요.

❶ 7 × ■ = 21
■ = 3
해설 7×■이므로 7씩 뛰어 세면 7-14-21이 나오므로 3번 뛰어 세면 21이 됩니다.

❷ 8 × ■ = 64
■ = 8
해설 8×■이므로 8씩 뛰어 세면 8-16-24-32-40-48-56-64가 나오므로 8번 뛰어 세면 64가 됩니다.

❸ 6 × ■ = 54
■ = 9
해설 6×■이므로 6씩 뛰어 세면 6-12-18-24-30-36-42-48-54가 나오므로 9번 뛰어 세면 54가 됩니다.

❹ 5 × ■ = 35
■ = 7
해설 5×■이므로 5씩 뛰어 세면 5-10-15-20-15-30-35가 나오므로 7번 뛰어 세면 35가 됩니다.

❺ 4 × ■ = 24
■ = 6
해설 4×■이므로 4씩 뛰어 세면 4-8-12-16-20-24가 나오므로 6번 뛰어 세면 24가 됩니다.

❻ 9 × ■ = 63
■ = 7
해설 9×■이므로 9씩 뛰어 세면 9-18-27-36-45-54-63이 나오므로 7번 뛰어 세면 63이 됩니다.

❼ ■ × 3 = 21
■ = 7
해설 곱셈구구 3의 단에서 3×1=3부터 차례대로 쓰면 3-6-9-12-15-18-21이 나오므로 ■=7이 됩니다.

❽ ■ × 4 = 20
■ = 5
해설 곱셈구구 4의 단에서 4×1=4부터 차례대로 쓰면 4-8-12-16-20이 나오므로 ■=5가 됩니다.

❾ ■ × 6 = 42
■ = 7
해설 곱셈구구 6의 단에서 6×1=6부터 차례대로 쓰면 6-12-18-24-30-36-42가 나오므로 ■=7이 됩니다.

❿ ■ × 9 = 81
■ = 9
해설 곱셈구구 9의 단에서 9×1=9부터 차례대로 쓰면 9-18-27-36-45-54-63-72-81이 나오므로 ■=9가 됩니다.

⓫ ■ × 3 = 27
■ = 9
해설 곱셈구구 3의 단에서 3×1=3부터 차례대로 쓰면 3-6-9-12-15-18-21-24-27이 나오므로 ■=9가 됩니다.

⓬ ■ × 8 = 56
■ = 7
해설 곱셈구구 8의 단에서 8×1=8부터 차례대로 쓰면 8-16-24-32-40-48-56이 나오므로 ■=7이 됩니다.

⓭ 11 × ■ = 33
■ = 3
해설 나눗셈의 몫과 나누는 수를 바꾸어서 ■를 구할 수 있습니다. 11×■=33⇒33÷11=■ 입니다. 따라서 ■=3입니다.

⓮ 12 × ■ = 60
■ = 5
해설 나눗셈의 몫과 나누는 수를 바꾸어서 ■를 구할 수 있습니다. 12×■=60⇒60÷12=■ 입니다. 따라서 ■=5입니다.

⓯ 14 × ■ = 56
■ = 4
해설 나눗셈의 몫과 나누는 수를 바꾸어서 ■를 구할 수 있습니다. 14×■=56⇒56÷14=■ 입니다. 따라서 ■=4입니다.

⓰ 21 × ■ = 63
■ = 3
해설 21×■이므로 21씩 뛰어 세면 21-42-63이 나오므로 3번 뛰어 세면 63이 됩니다.

⓱ 23 × ■ = 92
■ = 4
해설 23×■이므로 23씩 뛰어 세면 23-46-69-92가 나오므로 4번 뛰어 세면 92가 됩니다.

⓲ 32 × ■ = 96
■ = 3
해설 32×■이므로 32씩 뛰어 세면 32-64-96이 나오므로 3번 뛰어 세면 96이 됩니다.

⓳ ■ × 13 = 52
■ = 4
해설 나눗셈의 몫과 나누는 수를 바꾸어서 ■를 구할 수 있습니다. ■×13=52⇒52÷13=■ 입니다. 따라서 ■=4입니다.

⓴ ■ × 15 = 60
■ = 4
해설 나눗셈의 몫과 나누는 수를 바꾸어서 ■를 구할 수 있습니다. ■×15=60⇒60÷15=■ 입니다. 따라서 ■=4입니다.

㉑ ■ × 17 = 34
■ = 2
해설 나눗셈의 몫과 나누는 수를 바꾸어서 ■를 구할 수 있습니다. ■×17=34⇒34÷17=■ 입니다. 따라서 ■=2입니다.

㉒ ■ × 25 = 75
■ = 3
해설 ■×25이므로 25씩 뛰어 세면 25-50-75가 나오므로 3번 뛰어 세면 75가 됩니다.

㉓ ■ × 31 = 93
■ = 3
해설 ■×31이므로 31씩 뛰어 세면 31-62-93이 나오므로 3번 뛰어 세면 93이 됩니다.

㉔ ■ × 42 = 84
■ = 2
해설 ■×42이므로 42씩 뛰어 세면 42-84가 나오므로 2번 뛰어 세면 84가 됩니다.

나눗셈

1. (몇)÷(몇) 계산하기
2. (몇십 몇)÷(몇) 계산하기
3. 규칙을 찾아서 계산하기
4. 나눗셈식에서 ■의 값 구하기

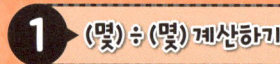 (몇)÷(몇) 계산하기

학습 목표

단계	학습 의도	구분	학습 주제	관련 교과
1단계	Basic Exercise (몇)÷(몇)을 계산하는 여러 가지 방법을 배웁니다.	방법1	똑같게 나누기	
		방법2	똑같이 묶어서 나누기	
		방법3	뺄셈으로 계산하기	
		방법4	곱셈구구 이용하기	
2단계	One Problem Multi Solution 1단계에서 배운 여러 가지 방법을 토대로 (몇)÷(몇)의 여러 가지 유형을 계산합니다.	유형1	(몇)÷(몇)의 계산(1)	〈3-1〉3.나눗셈
			(몇)÷(몇)의 계산(2)	〈3-1〉3.나눗셈
3단계	Calculation Master 앞에서 학습한 내용을 자유롭게 적용해 계산합니다.			

1  (몇)÷(몇) 계산하기

1단계 Basic Exercise

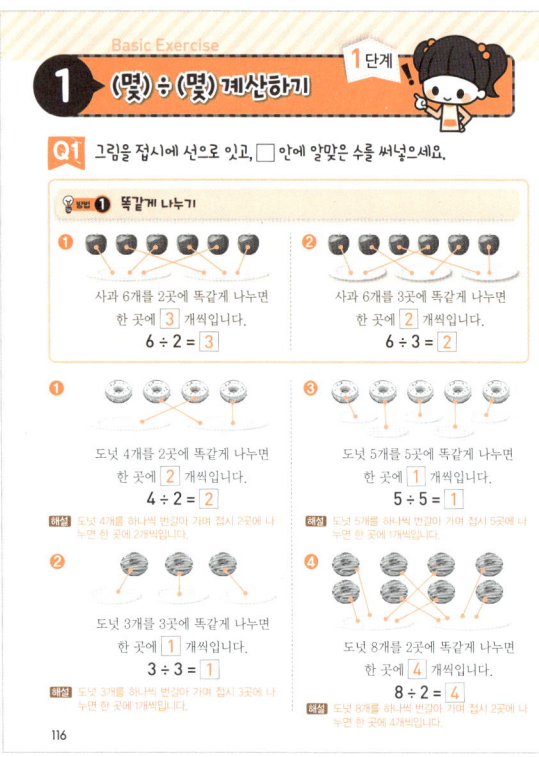

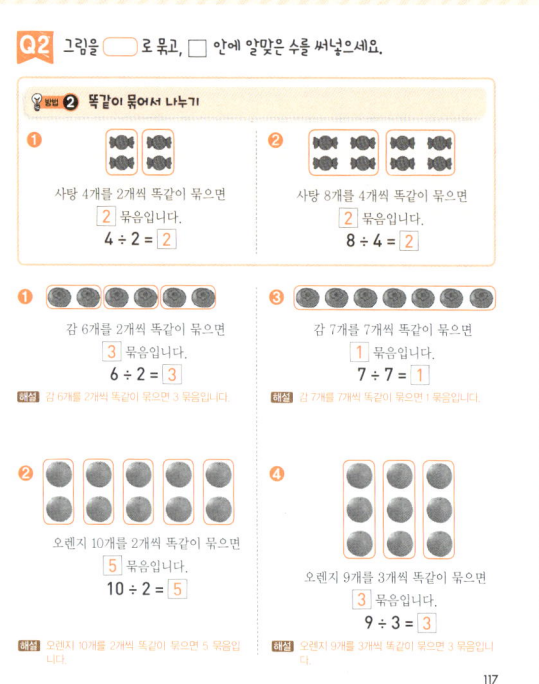

Q3 나눗셈식을 뺄셈식으로 바꾸고, □ 안에 알맞은 수를 써넣으세요.

방법 ❸ 뺄셈으로 계산하기

❶ 2 ÷ 2
뺄셈식: 2 - 2 = 0
2에서 2를 1 번 뺄 수 있으므로
2 ÷ 2 = 1

❷ 4 ÷ 2
뺄셈식: 4 - 2 - 2 = 0
4에서 2를 2 번 뺄 수 있으므로
4 ÷ 2 = 2

❶ 3 ÷ 3
뺄셈식: 3 - 3 = 0
3에서 3을 1 번 뺄 수 있으므로
3 ÷ 3 = 1

해설 3에서 3을 1번 뺄 수 있으므로 3÷3=1이 됩니다.

❸ 4 ÷ 1
뺄셈식: 4 - 1 - 1 - 1 - 1 = 0
4에서 1을 4 번 뺄 수 있으므로
4 ÷ 1 = 4

해설 4에서 1을 4번 뺄 수 있으므로 4÷1=4가 됩니다.

❷ 6 ÷ 2
뺄셈식: 6 - 2 - 2 - 2 = 0
6에서 2를 3 번 뺄 수 있으므로
6 ÷ 2 = 3

해설 6에서 2를 3번 뺄 수 있으므로 6÷2=3이 됩니다.

❹ 8 ÷ 4
뺄셈식: 8 - 4 - 4 = 0
8에서 4를 2 번 뺄 수 있으므로
8 ÷ 4 = 2

해설 8에서 4를 2번 뺄 수 있으므로 8÷4=2가 됩니다.

Q4 □ 안에 알맞은 수를 써넣으세요.

방법 ❹ 곱셈구구 이용하기

❶ 4 ÷ 2 = ■
⇒ 2 × ■ = 4
■ = 2

❷ 5 ÷ 5 = ■
⇒ 5 × ■ = 5
■ = 1

❶ 3 ÷ 3 = ■
⇒ 3 × ■ = 3
■ = 1

해설 3÷3=■은 3×■=3으로 바꿀 수 있으므로 3의 단을 이용해 계산합니다.

❸ 7 ÷ 1 = ■
⇒ 1 × ■ = 7
■ = 7

해설 7÷1=■은 1×■=7로 바꿀 수 있으므로 1의 단을 이용해 계산합니다.

❷ 6 ÷ 2 = ■
⇒ 2 × ■ = 6
■ = 3

해설 6÷2=■은 2×■=6으로 바꿀 수 있으므로 2의 단을 이용해 계산합니다.

❹ 9 ÷ 3 = ■
⇒ 3 × ■ = 9
■ = 3

해설 9÷3=■은 3×■=9로 바꿀 수 있으므로 3의 단을 이용해 계산합니다.

---

1 (몇) ÷ (몇) 계산하기
One Problem Multi Solution — 2단계

유형1 (몇)÷(몇)의 계산(1)

나눗셈의 개념을 이해하고, (몇)÷(몇)을 그림을 이용해 계산해 봅시다.

방법 ❶ 똑같게 나누기

9 ÷ 3 = 3

방법 ❷ 똑같이 묶어서 나누기

9 ÷ 3 = 3

◎ 그림을 접시에 선으로 잇거나, □로 묶어 나눗셈식을 계산해 보세요.

1. 8 ÷ 2

❶ 8 ÷ 2 = 4

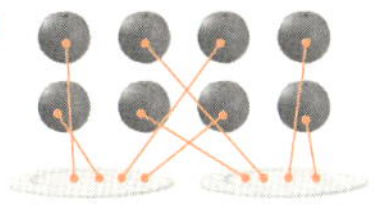

해설 오렌지 8개를 하나씩 번갈아 가며 접시 2곳에 나누면 한 곳에 4개씩입니다.

❷ 8 ÷ 2 = 4

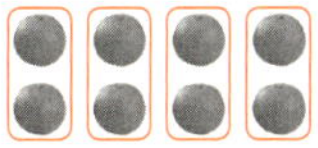

해설 오렌지 8개를 2개씩 똑같이 묶으면 4 묶음입니다.

2. 6 ÷ 3

❶ 6 ÷ 3 = 2

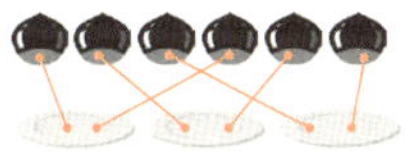

해설 밤 6개를 하나씩 번갈아 가며 접시 3곳에 나누면 한 곳에 2개씩입니다.

❷ 6 ÷ 3 = 2

해설 밤 6개를 3개씩 똑같이 묶으면 2 묶음입니다.

3. 6 ÷ 2

❶ 6 ÷ 2 = 3

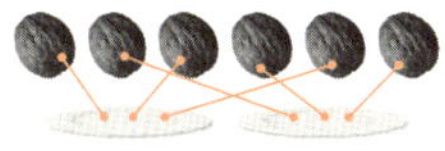

해설 호두 6개를 하나씩 번갈아 가며 접시 2곳에 나누면 한 곳에 3개씩입니다.

❷ 6 ÷ 2 = 3

해설 호두 6개를 2개씩 똑같이 묶으면 3 묶음입니다.

195

2단계 ① (몇)÷(몇) 계산하기 유형2

유형1 (몇)÷(몇)의 계산(2)
(몇)÷(몇)을 뺄셈식과 곱셈구구를 이용해 계산해 봅시다.

방법 ③ 뺄셈으로 계산하기

9 ÷ 3

뺄셈식 : 9-3-3-3=0

9 ÷ 3 = 3

방법 ④ 곱셈구구 이용하기

9 ÷ 3 = ■
⇒ 3 × ■ = 9
■ = 3

◎ 계산해 보세요.

1. 8 ÷ 4

❶ 8 ÷ 4
뺄셈식 : 8 - 4 - 4 = 0
8 ÷ 4 = 2

해설 8에서 4를 2번 뺄 수 있으므로 8÷4=2가 됩니다.

❷ 8 ÷ 4 = ■
⇒ 4 × ■ = 8
■ = 2

해설 8÷4=■은 4×■=8로 바꿀 수 있으므로 4의 단을 이용해 계산합니다.

2. 6 ÷ 3

❶ 6 ÷ 3
뺄셈식 : 6 - 3 - 3 = 0
6 ÷ 3 = 2

해설 6에서 3을 2번 뺄 수 있으므로 6÷3=2가 됩니다.

❷ 6 ÷ 3 = ■
⇒ 3 × ■ = 6
■ = 2

해설 6÷3=■은 3×■=6로 바꿀 수 있으므로 3의 단을 이용해 계산합니다.

3. 9 ÷ 9

❶ 9 ÷ 9
뺄셈식 : 9 - 9 = 0
9 ÷ 9 = 1

해설 9에서 9를 1번 뺄 수 있으므로 9÷9=1이 됩니다.

❷ 9 ÷ 9 = ■
⇒ 9 × ■ = 9
■ = 1

해설 9÷9=■은 9×■=9로 바꿀 수 있으므로 9의 단을 이용해 계산합니다.

3단계 ① (몇)÷(몇) 계산하기
Calculation Master

◎ 계산해 보세요.

❶ 2 ÷ 2 = 1
해설 도넛 2개를 하나씩 번갈아 가며 접시 2곳에 나누면 한 곳에 1개씩입니다.

❷ 3 ÷ 3 = 1
해설 도넛 3개를 하나씩 번갈아 가며 접시 3곳에 나누면 한 곳에 1개씩입니다. 한 곳에 1개씩입니다.

❸ 4 ÷ 2 = 2
해설 도넛 4개를 하나씩 번갈아 가며 접시 2곳에 나누면 한 곳에 2개씩입니다. 한 곳에 2개씩입니다.

❹ 5 ÷ 5 = 1
해설 사탕 5개를 5개로 묶으면 1묶음입니다. 한 곳에 1개씩입니다.

❺ 6 ÷ 1 = 6
해설 사탕 6개를 똑같이 묶으려면 6 묶음입니다. 한 곳에 1개씩입니다.

❻ 8 ÷ 1 = 8
해설 사탕 8개를 1개씩 똑같이 묶으려면 8 묶음입니다. 한 곳에 1개씩입니다.

❼ 2 ÷ 1 = 2
해설 2에서 1을 2번 뺄 수 있으므로 2÷1=2가 됩니다.

❽ 6 ÷ 2 = 3
해설 6에서 2를 3번 뺄 수 있으므로 6÷2=3이 됩니다.

❾ 8 ÷ 4 = 2
해설 8에서 4를 2번 뺄 수 있으므로 8÷4=2가 됩니다.

❿ 6 ÷ 3 = 2
해설 6÷3=■은 3×■=6으로 바꿀 수 있으므로 3의 단을 이용해 계산합니다.

⓫ 7 ÷ 7 = 1
해설 7÷7=■은 7×■=7로 바꿀 수 있으므로 7의 단을 이용해 계산합니다.

⓬ 9 ÷ 3 = 3
해설 9÷3=■은 3×■=9로 바꿀 수 있으므로 3의 단을 이용해 계산합니다.

---

2 (몇십 몇)÷(몇) 계산하기

학습 목표

단계	학습 의도	구분	학습 주제	관련 교과
1단계	Basic Exercise (몇십 몇)÷(몇)을 계산하는 여러 가지 방법을 배웁니다.	방법1	똑같게 나누기	
		방법2	똑같이 묶어서 나누기	
		방법3	뺄셈으로 계산하기	
		방법4	곱셈구구표 이용하기	
		방법5	나눗셈식을 곱셈식으로 바꾸기	
		방법6	세로셈으로 계산하기	
2단계	One Problem Multi Solution 1단계에서 배운 여러 방법을 토대로 (몇십 몇)÷(몇)의 여러 가지 유형을 계산합니다.	유형1	(몇십 몇)÷(몇)의 계산(1)	
			(몇십 몇)÷(몇)의 계산(2)	〈3-1〉 3.나눗셈
			(몇십 몇)÷(몇)의 계산(3)	
		유형2	나눗셈식을 곱셈식으로 바꾸기	〈3-1〉 3.나눗셈
3단계	Calculation Master 앞에서 학습한 내용을 자유롭게 적용해 계산합니다.			

2 (몇십 몇) ÷ (몇) 계산하기 — 1단계

Q1 접시 안에 ○를 그리고, □ 안에 알맞은 수를 써넣으세요.

💡방법 ❶ 똑같게 나누기

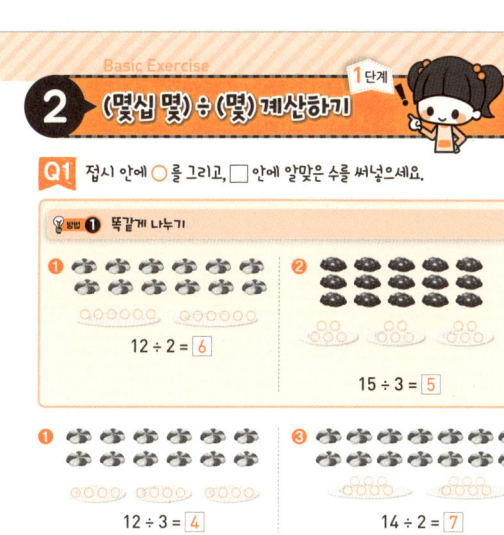

① 12 ÷ 2 = 6
② 15 ÷ 3 = 5

❶ 12 ÷ 3 = 4
해설 쿠키 12개를 하나씩 번갈아 가며 접시 3곳에 나누면 한 곳에 4개씩입니다.

❷ 18 ÷ 3 = 6
해설 쿠키 18개를 하나씩 번갈아 가며 접시 3곳에 나누면 한 곳에 6개씩입니다.

❸ 14 ÷ 2 = 7
해설 쿠키 14개를 하나씩 번갈아 가며 접시 2곳에 나누면 한 곳에 7개씩입니다.

❹ 15 ÷ 3 = 5
해설 쿠키 15개를 하나씩 번갈아 가며 접시 3곳에 나누면 한 곳에 5개씩입니다.

Q2 그림을 ⬚로 묶고, □ 안에 알맞은 수를 써넣으세요.

💡방법 ❷ 똑같이 묶어서 나누기

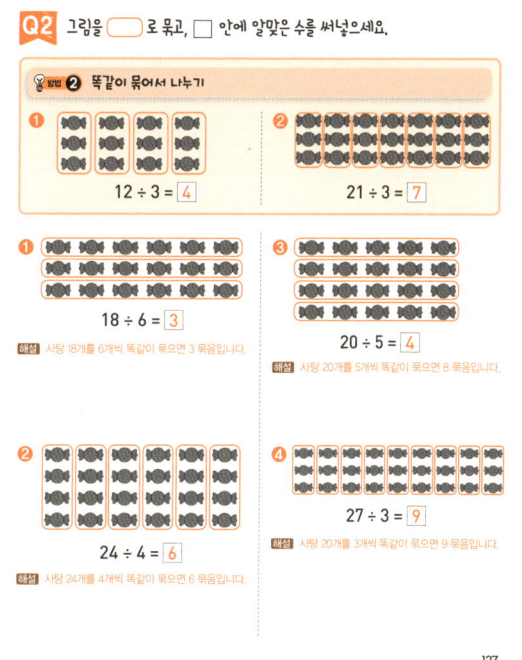

① 12 ÷ 3 = 4
② 21 ÷ 3 = 7

❶ 18 ÷ 6 = 3
해설 사탕 18개를 6개씩 똑같이 묶으면 3 묶음입니다.

❸ 20 ÷ 5 = 4
해설 사탕 20개를 5개씩 똑같이 묶으면 8 묶음입니다.

❷ 24 ÷ 4 = 6
해설 사탕 24개를 4개씩 똑같이 묶으면 6 묶음입니다.

❹ 27 ÷ 3 = 9
해설 사탕 20개를 3개씩 똑같이 묶으면 9 묶음입니다.

Q3 나눗셈식을 뺄셈식으로 바꾸고, □ 안에 알맞은 수를 써넣으세요.

💡방법 ❸ 뺄셈으로 계산하기

❶ 14 ÷ 7
뺄셈식: 14-7-7=0
14에서 7을 2 번 뺄 수 있으므로
14 ÷ 7 = 2

❷ 15 ÷ 5
뺄셈식: 15-5-5-5=0
15에서 5를 3 번 뺄 수 있으므로
15 ÷ 5 = 3

❶ 12 ÷ 6
뺄셈식: 12-6-6=0
12에서 6을 2 번 뺄 수 있으므로
12 ÷ 6 = 2
해설 12에서 6을 2번 뺄 수 있으므로 12÷6=2가 됩니다.

❸ 18 ÷ 6
뺄셈식: 18-6-6-6=0
18에서 6을 3 번 뺄 수 있으므로
18 ÷ 6 = 3
해설 18에서 6을 3번 뺄 수 있으므로 18÷6=3이 됩니다.

❷ 18 ÷ 9
뺄셈식: 18-9-9=0
18에서 9를 2 번 뺄 수 있으므로
18 ÷ 9 = 2
해설 18에서 9를 2번 뺄 수 있으므로 18÷9=2가 됩니다.

❹ 15 ÷ 3
뺄셈식: 15-3-3-3-3-3=0
15에서 3을 5 번 뺄 수 있으므로
15 ÷ 3 = 5
해설 15에서 3을 5번 뺄 수 있으므로 15÷3=5가 됩니다.

Q4 빈칸에 알맞은 수를 써넣으세요.

💡방법 ❹ 곱셈구구표 이용하기

❶ 12 ÷ 2 = 6

×	1	2	3	4	5	6
2	2	4	6	8	10	12

❷ 18 ÷ 2 = 9

×	1	2	3	4	5	6	7	8	9
2	2	4	6	8	10	12	14	16	18

❶ 16 ÷ 4 = 4

×	1	2	3	4
4	4	8	12	16

❸ 21 ÷ 3 = 7

×	1	2	3	4	5	6	7
3	3	6	9	12	15	18	21

해설 16÷4=■을 곱셈식으로 고치면 4×■=16이므로 4의 단을 이용해 계산합니다.

해설 21÷3=■을 곱셈식으로 고치면 3×■=21이므로 3의 단을 이용해 계산합니다.

❷ 24 ÷ 3 = 8

×	1	2	3	4	5	6	7	8
3	3	6	9	12	15	18	21	24

❹ 27 ÷ 9 = 3

×	1	2	3
9	9	18	27

해설 24÷3=■을 곱셈식으로 고치면 3×■=24이므로 3의 단을 이용해 계산합니다.

해설 27÷9=■을 곱셈식으로 고치면 9×■=27이므로 9의 단을 이용해 계산합니다.

Q5 □ 안에 알맞은 수를 써넣으세요.

방법 5 나눗셈식을 곱셈식으로 바꾸기

① 10 ÷ 2 = 5
⇒ $2 \times 5 = 10$
⇒ $5 \times 2 = 10$

② 36 ÷ 4 = 9
⇒ $4 \times 9 = 36$
⇒ $9 \times 4 = 36$

① 16 ÷ 2 = 8
⇒ $2 \times 8 = 16$
⇒ $8 \times 2 = 16$

③ 20 ÷ 4 = 5
⇒ $4 \times 5 = 20$
⇒ $5 \times 4 = 20$

해설 16÷2=8을 곱셈식으로 고치면 2×8=16과 8×2=16입니다.

해설 20÷4=5를 곱셈식으로 고치면 4×5=20과 5×4=20입니다.

② 15 ÷ 5 = 3
⇒ $3 \times 5 = 15$
⇒ $5 \times 3 = 15$

④ 28 ÷ 4 = 7
⇒ $4 \times 7 = 28$
⇒ $7 \times 4 = 28$

해설 15÷5=3을 곱셈식으로 고치면 5×3=15과 3×5=15입니다.

해설 28÷4=7을 곱셈식으로 고치면 4×7=28과 7×4=28입니다.

Q6 □ 안에 알맞은 수를 써넣으세요.

방법 6 세로셈으로 계산하기

① 12 ÷ 3 = 4

```
    4
3)1 2
  1 2
    0
```

② 15 ÷ 5 = 3

```
    3
5)1 5
  1 5
    0
```

① 24 ÷ 8 = 3

```
    3
8)2 4
  2 4   ← 8×3=24
    0   ← 24-24=0
```

③ 18 ÷ 3 = 6

```
    6
3)1 8
  1 8   ← 3×6=18
    0   ← 18-18=0
```

② 16 ÷ 4 = 4

```
    4
4)1 6
  1 6   ← 4×4=16
    0   ← 16-16=0
```

④ 27 ÷ 9 = 3

```
    3
9)2 7
  2 7   ← 9×3=27
    0   ← 27-27=0
```

---

2 (몇십 몇) ÷ (몇) 계산하기
2단계
One Problem Multi Solution

유형 1 (몇십 몇)÷(몇)의 계산(1)

나눗셈의 개념을 이해하고, (몇십 몇)÷(몇)을 그림을 이용해 계산해 봅시다.

방법 1 똑같게 나누기

12 ÷ 2 = 6

방법 2 똑같이 묶어서 나누기

12 ÷ 2 = 6

◎ 접시 안에 ○를 그리거나, 그림을 ○로 묶어 나눗셈을 계산해 보세요.

1. 14 ÷ 2

①
14 ÷ 2 = 7

해설 쿠키 14개를 하나씩 번갈아 가며 접시 2곳에 나누면 한 곳에 7개씩입니다.

②
14 ÷ 2 = 7

해설 쿠키 14개를 2개씩 똑같이 묶으면 7 묶음입니다.

2. 18 ÷ 3

①
18 ÷ 3 = 6

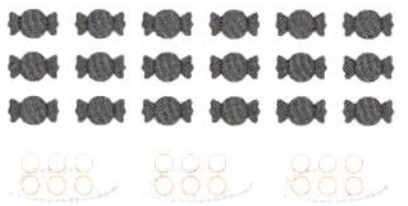

해설 사탕 18개를 하나씩 번갈아 가며 접시 3곳에 나누면 한 곳에 6개씩입니다.

②
18 ÷ 3 = 6

해설 사탕 18개를 3개씩 똑같이 묶으면 6 묶음입니다.

3. 24 ÷ 3

①
24 ÷ 3 = 8

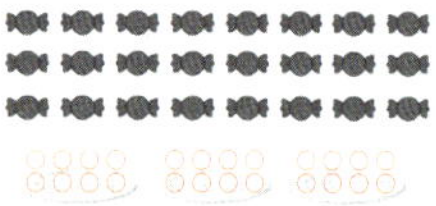

해설 사탕 24개를 하나씩 번갈아 가며 접시 3곳에 나누면 한 곳에 8개씩입니다.

②
24 ÷ 3 = 8

해설 사탕 24개를 3개씩 똑같이 묶으면 8 묶음입니다.

2단계 ❷ (몇십 몇) ÷ (몇) 계산하기 유형2

유형1 (몇십 몇) ÷ (몇)의 계산(2)
(몇십 몇)÷(몇)을 뺄셈식과 곱셈구구를 이용해 계산해 봅시다.

방법 ❸ 뺄셈으로 계산하기

$25 \div 5$

뺄셈식 : $25-5-5-5-5-5=0$

$25 \div 5 = 5$

방법 ❹ 곱셈구구표 이용하기

×	1	2	3	4	5
5	5	10	15	20	25

$25 \div 5 = 5$

◎ 계산해 보세요.

1. $28 \div 7$

❶ $28 \div 7$

뺄셈식 : $28-7-7-7-7=0$

$28 \div 7 = \boxed{4}$

해설 28에서 7을 4번 뺄 수 있으므로 28÷7=4가 됩니다.

❷
×	1	2	3	4
7	7	14	21	28

$28 \div 7 = \boxed{4}$

해설 28÷7=■를 곱셈식으로 고치면 7×■=28이므로 7의 단을 이용해 계산합니다.

2. $32 \div 8$

❶ $32 \div 8$

뺄셈식 : $32-8-8-8-8=0$

$32 \div 8 = \boxed{4}$

해설 32에서 8을 4번 뺄 수 있으므로 32÷8=4가 됩니다.

❷
×	1	2	3	4
8	8	16	24	32

$32 \div 8 = \boxed{4}$

해설 32÷8=■를 곱셈식으로 고치면 8×■=32이므로 8의 단을 이용해 계산합니다.

3. $40 \div 5$

❶ $40 \div 5$

뺄셈식 : $40-5-5-5-5-5-5-5-5=0$

$40 \div 5 = \boxed{8}$

해설 40에서 5를 8번 뺄 수 있으므로 40÷5=8이 됩니다.

❷
×	1	2	3	4	5	6	7	8
5	5	10	15	20	25	30	35	40

$40 \div 5 = \boxed{8}$

해설 40÷5=■를 곱셈식으로 고치면 5×■=40이므로 5의 단을 이용해 계산합니다.

2단계 ❷ (몇십 몇) ÷ (몇) 계산하기 유형3

유형1 (몇십 몇) ÷ (몇)의 계산(3)
(몇십 몇)÷(몇)을 곱셈식과 세로셈으로 계산해 봅시다.

방법 ❺ 나눗셈식을 곱셈식으로 바꾸기

$27 \div 9 = ■$

$\Rightarrow 9 \times ■ = 27$

$■ = 3$

방법 ❻ 세로셈으로 계산하기

$27 \div 9 = 3$

```
    3
 9)27
   27
    0
```

◎ 계산해 보세요.

1. $36 \div 6$

❶ $36 \div 6 = ■$

$\Rightarrow 6 \times ■ = 36$

$■ = \boxed{6}$

해설 36÷6=■를 곱셈식으로 고치면 6×■=36이므로 6의 단을 이용해 계산합니다.

❷ $36 \div 6 = \boxed{6}$

```
    6
 6)36
   36  ← 6×6=36
    0  ← 36-36=0
```

2. $42 \div 7$

❶ $42 \div 7 = ■$

$\Rightarrow 7 \times ■ = 42$

$■ = \boxed{6}$

해설 42÷7=■를 곱셈식으로 고치면 7×■=42이므로 7의 단을 이용해 계산합니다.

❷ $42 \div 7 = \boxed{6}$

```
    6
 7)42
   42  ← 6×7=42
    0  ← 42-42=0
```

3. $56 \div 8$

❶ $56 \div 8 = ■$

$\Rightarrow 8 \times ■ = 56$

$■ = \boxed{7}$

해설 56÷8=■를 곱셈식으로 고치면 8×■=56이므로 8의 단을 이용해 계산합니다.

❷ $56 \div 8 = \boxed{7}$

```
    7
 8)56
   56  ← 8×7=56
    0  ← 56-56=0
```

2단계 ❷ (몇십 몇) ÷ (몇) 계산하기 유형4

유형2 나눗셈식을 곱셈식으로 바꾸기

나눗셈식을 여러 가지 방법을 이용해 곱셈식으로 바꾸어 봅시다.

방법 ❶ 그림으로 생각하기

15 ÷ 3

⇒ 3 × 5 = 15
⇒ 5 × 5 = 15

방법 ❷ 곱셈구구표 이용하기

15 ÷ 3

×	1	2	3	4	5
3	3	6	9	12	15

⇒ 3 × 5 = 15
⇒ 5 × 5 = 15

◎ 계산해 보세요.

1. 32 ÷ 8

❶ 32 ÷ 8

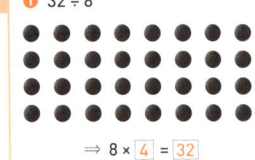

⇒ 8 × 4 = 32
⇒ 4 × 8 = 32

해설 32÷8=4를 곱셈식으로 고치면 4×8=32과 8×4=32입니다.

❷ 32 ÷ 8

×	1	2	3	4
8	8	16	24	32

⇒ 8 × 4 = 32
⇒ 4 × 8 = 32

해설 32÷8=■를 곱셈식으로 고치면 8 × ■=32이므로 8의 단을 이용해 계산합니다.

2. 42 ÷ 7

❶ 42 ÷ 7

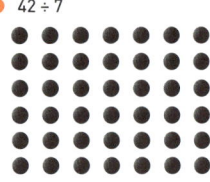

⇒ 7 × 6 = 42
⇒ 6 × 7 = 42

해설 42÷7=6을 곱셈식으로 고치면 7×6=42과 6×7=42입니다.

❷ 42 ÷ 7

×	1	2	3	4	5	6
7	7	14	21	28	35	42

⇒ 7 × 6 = 42
⇒ 6 × 7 = 42

해설 42÷7=■를 곱셈식으로 고치면 7 × ■=42이므로 7의 단을 이용해 계산합니다.

3. 63 ÷ 9

❶ 63 ÷ 9

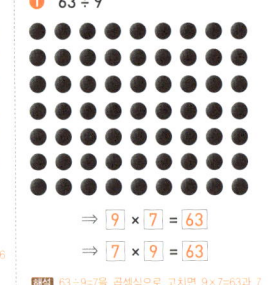

⇒ 9 × 7 = 63
⇒ 7 × 9 = 63

해설 63÷9=7을 곱셈식으로 고치면 9×7=63과 7×9=63입니다.

❷ 63 ÷ 9

×	1	2	3	4	5	6	7
9	9	18	27	36	45	54	63

⇒ 9 × 7 = 63
⇒ 7 × 9 = 63

해설 63÷9=■를 곱셈식으로 고치면 9 × ■=63이므로 9의 단을 이용해 계산합니다.

Calculation Master 2 (몇십 몇) ÷ (몇) 계산하기 / 3단계

◎ 계산해 보세요.

❶ 18 ÷ 2 = 9
해설 사탕 18개를 하나씩 번갈아 가며 접시 2곳에 나누면 한 곳에 9개씩입니다.

❷ 21 ÷ 7 = 3
해설 사탕 21개를 하나씩 번갈아 가며 접시 7곳에 나누면 한 곳에 3개씩입니다.

❸ 36 ÷ 6 = 6
해설 사탕 36개를 하나씩 번갈아 가며 접시 6곳에 나누면 한 곳에 6개씩입니다.

❹ 28 ÷ 4 = 7
해설 사탕 28개를 하나씩 번갈아 가며 접시 4곳에 나누면 한 곳에 7개씩입니다.

❺ 15 ÷ 5 = 3
해설 사탕 15개를 5개씩 똑같이 묶으면 3묶음입니다.

❻ 42 ÷ 7 = 6
해설 사탕 42개를 7개씩 똑같이 묶으면 6묶음입니다.

❼ 18 ÷ 3 = 6
해설 사탕 18개를 3개씩 똑같이 묶으면 6묶음입니다.

❽ 24 ÷ 6 = 4
해설 사탕 24개를 6개씩 똑같이 묶으면 4묶음입니다.

❾ 32 ÷ 4 = 8
해설 32÷4는 32에서 4을 8번 빼 0(32-4-4-4-4-4-4-4-4=0)이 나오므로 32÷4=8이 됩니다.

❿ 30 ÷ 6 = 5
해설 30÷6은 30에서 6을 5번 빼 주면 0(30-6-6-6-6-6=0)이 나오므로 30÷6=5가 됩니다.

⓫ 42 ÷ 6 = 7
해설 42÷6은 42에서 6을 7번 빼 주면 0(42-6-6-6-6-6-6-6=0)이 나오므로 42÷6=7이 됩니다.

⓬ 48 ÷ 6 = 8
해설 48÷6은 48에서 6을 8번 빼 주면 0(48-6-6-6-6-6-6-6-6=0)이 나오므로 48÷6=8이 됩니다.

3단계 ❷ (몇십 몇) ÷ (몇) 계산하기

⓭ 56 ÷ 7 = 8
해설 56÷7=■를 곱셈식으로 고치면 7 × ■=56이므로 7의 단을 이용해 계산합니다.

⓮ 63 ÷ 9 = 7
해설 63÷9=■를 곱셈식으로 고치면 9 × ■=63이므로 9의 단을 이용해 계산합니다.

⓯ 64 ÷ 8 = 8
해설 64÷8=■를 곱셈식으로 고치면 8 × ■=64이므로 8의 단을 이용해 계산합니다.

⓰ 54 ÷ 6 = 9
해설
```
    9
6)5 4
  5 4
    0
```

⓱ 72 ÷ 8 = 9
해설
```
    9
8)7 2
  7 2
    0
```

⓲ 81 ÷ 9 = 9
해설
```
    9
9)8 1
  8 1
    0
```

⓳ 30 ÷ 6
⇒ 6 × 5 = 30
⇒ 5 × 6 = 30
해설 30÷6=■를 곱셈식으로 고치면 6×5=30과 5×6=30입니다.

⓴ 45 ÷ 9
⇒ 9 × 5 = 45
⇒ 5 × 9 = 45
해설 45÷9=5를 곱셈식으로 고치면 9×5=45과 5×9=45입니다.

㉑ 56 ÷ 8
⇒ 8 × 7 = 56
⇒ 7 × 8 = 56
해설 56÷8=7을 곱셈식으로 고치면 8×7=56과 7×8=56입니다.

㉒ 48 ÷ 6
⇒ 6 × 8 = 48
⇒ 8 × 6 = 48
해설 48÷6=8을 곱셈식으로 고치면 6×8=48과 8×6=48입니다.

㉓ 63 ÷ 7
⇒ 7 × 9 = 63
⇒ 9 × 7 = 63
해설 63÷7=9을 곱셈식으로 고치면 7×9=63과 9×7=63입니다.

㉔ 72 ÷ 9
⇒ 9 × 8 = 72
⇒ 8 × 9 = 72
해설 72÷9=8을 곱셈식으로 고치면 9×8=72과 8×9=72입니다.

3 규칙을 찾아서 계산하기

학습 목표

단계	학습 의도	구분	학습 주제	관련 교과
1단계	Basic Exercise 나눗셈식을 보고 규칙을 찾아서 계산하는 여러 가지 방법을 배웁니다.	방법1	반으로 계산하기	
		방법2	2배 이용하기	
		방법3	베다수학 9 나누기	
2단계	One Problem Multi Solution 1단계에서 배운 여러 가지 방법을 토대로 나눗셈식에서 규칙을 찾아서 계산하는 여러 가지 유형을 살펴봅니다.	유형1	2로 나누기	〈3-1〉 3.나눗셈
		유형2	4로 나누기	〈3-1〉 3.나눗셈
		유형3	5로 나누기	〈3-1〉 3.나눗셈
		유형4	9로 나누기	〈3-1〉 3.나눗셈
3단계	Calculation Master 앞에서 학습한 내용을 자유롭게 적용해 계산합니다.			

3 규칙을 찾아서 계산하기 — 1단계 Basic Exercise

Q1 □ 안에 알맞은 수를 써넣으세요.

방법 ① 반으로 계산하기

❶ $12 \div 2 = 6$
  10의 반 : 5
  2의 반 : 1
  ⇒ $5 + 1 = 6$

❷ $24 \div 4 = 6$
  20의 반 : 10
  4의 반 : 2
  ⇒ $10 + 2 = 12$
  다시 반으로 나누기 :
  ⇒ $12 \div 2 = 6$

❶ $10 \div 2 = 5$
  ⇒ 10의 반 : 5
  〔해설〕 10을 반으로 나누면 5가 됩니다.

❸ $36 \div 4 = 9$
  30의 반 : 15
  6의 반 : 3
  ⇒ $15 + 3 = 18$
  다시 반으로 나누기 :
  ⇒ $18 \div 2 = 9$
  〔해설〕 36에서 30을 반으로 나누면 15, 6을 반으로 나누면 3이 되므로 15+3=18이 됩니다. 18을 반으로 나누면 9가 되므로 36÷4=9입니다.

❷ $22 \div 2 = 11$
  20의 반 : 10
  2의 반 : 1
  ⇒ $10 + 1 = 11$
  〔해설〕 22에서 20을 반으로 나누면 10, 2를 반으로 나누면 1이 되고, 10+1=11입니다. 따라서 22÷2=11입니다.

❹ $56 \div 4 = 14$
  50의 반 : 25
  6의 반 : 3
  ⇒ $25 + 3 = 28$
  다시 반으로 나누기 :
  ⇒ $28 \div 2 = 14$
  〔해설〕 56에서 50을 반으로 나누면 25, 6을 반으로 나누면 3이 되므로 25+3=28입니다. 28을 반으로 나누면 14가 되므로 56÷4=14입니다.

Q2 □ 안에 알맞은 수를 써넣으세요.

방법 ② 2배 이용하기

❶ $15 \div 5 = 3$
  15의 2배 : 30
  15의 2배에서 0 지우기 : 3

❷ $10 \div 5 = 2$
  10의 2배 : 20
  10의 2배에서 0 지우기 : 2

❶ $20 \div 5 = 4$
  20의 2배 : 40
  20의 2배에서 0 지우기 : 4
  〔해설〕 20÷5에서 20과 5를 각각 2배해서 계산해도 값은 변하지 않습니다. 20의 2배는 40이고 5의 2배는 10입니다. 40÷10에서 10으로 나누려면 0을 지우면 됩니다. 따라서 4가 됩니다.

❹ $35 \div 5 = 7$
  35의 2배 : 70
  35의 2배에서 0 지우기 : 7
  〔해설〕 35÷5에서 35와 5를 각각 2배해서 계산해도 값은 변하지 않습니다. 35의 2배는 70이고 5의 2배는 10입니다. 70÷10에서 10으로 나누려면 0을 지우면 7이 됩니다.

❷ $25 \div 5 = 5$
  25의 2배 : 50
  25의 2배에서 0 지우기 : 5
  〔해설〕 25÷5에서 25와 5를 각각 2배해서 계산해도 값은 변하지 않습니다. 25의 2배는 50이고 5의 2배는 10입니다. 50÷10에서 10으로 나누려면 0을 지우면 됩니다. 따라서 5가 됩니다.

❺ $40 \div 5 = 8$
  40의 2배 : 80
  40의 2배에서 0 지우기 : 8
  〔해설〕 40÷5에서 40와 5를 각각 2배해서 계산해도 값은 변하지 않습니다. 40의 2배는 80이고 5의 2배는 10입니다. 80÷10에서 10으로 나누려면 0을 지우면 8이 됩니다.

❸ $30 \div 5 = 6$
  30의 2배 : 60
  30의 2배에서 0 지우기 : 6
  〔해설〕 30÷5에서 30과 5를 각각 2배해서 계산해도 값은 변하지 않습니다. 30의 2배는 60이고 5의 2배는 10입니다. 60÷10에서 10으로 나누려면 0을 지우면 됩니다. 따라서 60이 됩니다.

❻ $45 \div 5 = 9$
  45의 2배 : 90
  45의 2배에서 0 지우기 : 9
  〔해설〕 45÷5에서 45과 5를 각각 2배해서 계산해도 값은 변하지 않습니다. 45의 2배는 90이고 5의 2배는 10입니다. 90÷10에서 10으로 나누려면 0을 지우면 9가 됩니다.

Q3 □ 안에 알맞은 수를 써넣으세요.

방법 ③ 베다수학 9 나누기

❶ $18 \div 9 = 2$
  ① 18의 십의 자리 숫자 : 1
  ② 18의 각 자리 숫자의 합 : $1 + 8 = 9$
  ③ ②의 값을 9로 나누기 : $9 \div 9 = 1$
  ④ ①, ③의 값 더하기 : $1 + 1 = 2$

❷ $27 \div 9 = 3$
  ① 27의 십의 자리 숫자 : 2
  ② 각 자리 숫자의 합 : $1 + 8 = 9$
  ③ ②의 값을 9로 나누기 : $9 \div 9 = 1$
  ④ ①, ③의 값 더하기 : $2 + 1 = 2$

❶ $36 \div 9 = 4$
  ① 36의 십의 자리 숫자 : 3
  ② 36의 각 자리 숫자의 합 : $3 + 6 = 9$
  ③ ②의 값을 9로 나누기 : $9 \div 9 = 1$
  ④ ①, ③의 값 더하기 : $3 + 1 = 4$
  〔해설〕 36÷9에서 나누어지는 수의 십의 자리와 각 자리의 숫자의 합을 9로 나눈 수 (3+6=9, 9÷9=1)를 합하면 몫이 나옵니다. 따라서 3+1=4입니다.

❸ $54 \div 9 = 6$
  ① 54의 십의 자리 숫자 : 5
  ② 54의 각 자리 숫자의 합 : $5 + 4 = 9$
  ③ ②의 값을 9로 나누기 : $9 \div 9 = 1$
  ④ ①, ③의 값 더하기 : $5 + 1 = 6$
  〔해설〕 54÷9에서 나누어지는 수의 십의 자리와 각 자리의 숫자의 합을 9로 나눈 수 (5+4=9, 9÷9=1)를 합하면 몫이 나옵니다. 따라서 5+1=6입니다.

❷ $45 \div 9 = 5$
  ① 45의 십의 자리 숫자 : 4
  ② 45의 각 자리 숫자의 합 : $4 + 5 = 9$
  ③ ②의 값을 9로 나누기 : $9 \div 9 = 1$
  ④ ①, ③의 값 더하기 : $4 + 1 = 5$
  〔해설〕 45÷9에서 나누어지는 수의 십의 자리와 각 자리의 숫자의 합을 9로 나눈 수 (4+5=9, 9÷9=1)를 합하면 몫이 나옵니다. 따라서 4+1=5입니다.

❹ $63 \div 9 = 7$
  ① 63의 십의 자리 숫자 : 6
  ② 63의 각 자리 숫자의 합 : $6 + 3 = 9$
  ③ ②의 값을 9로 나누기 : $9 \div 9 = 1$
  ④ ①, ③의 값 더하기 : $6 + 1 = 7$
  〔해설〕 63÷9에서 나누어지는 수의 십의 자리와 각 자리의 숫자의 합을 9로 나눈 수 (6+3=9, 9÷9=1)를 합하면 몫이 나옵니다. 따라서 6+1=7입니다.

3. 규칙을 찾아서 계산하기

유형1: 2로 나누기

어떤 수를 2로 나눌 때 여러가지 방법으로 계산해 봅시다.

방법 ⓪ 세로셈으로 계산하기

$12 \div 2 = 6$

```
    6
2)1 2
  1 2
    0
```

방법 ① 반으로 계산하기

$12 \div 2 = 6$
10의 반 : 5
2의 반 : 1
⇒ 5 + 1 = 6

◎ 계산해 보세요.

1. 14 ÷ 2

❶ 14 ÷ 2 = 7

```
    7
2)1 4
  1 4
    0
```
- 7×2=14
- 14-14=0

❷ 14 ÷ 2 = 7
10의 반 : 5
4의 반 : 2
⇒ 5 + 2 = 7

해설 14에서 10을 반으로 나누면 5, 4를 반으로 나누면 2가 되므로 5+2=7입니다. 따라서 14÷2=7입니다.

2. 16 ÷ 2

❶ 16 ÷ 2 = 8

```
    8
2)1 6
  1 6
    0
```
- 2×8=16
- 16-16=0

❷ 16 ÷ 2 = 8
10의 반 : 5
6의 반 : 3
⇒ 5 + 3 = 8

해설 16에서 10을 반으로 나누면 5, 6을 반으로 나누면 3이 되므로 5+3=8입니다. 따라서 16÷2=8입니다.

3. 18 ÷ 2

❶ 18 ÷ 2 = 9

```
    9
2)1 8
  1 8
    0
```
- 2×9=18
- 18-18=0

❷ 18 ÷ 2 = 9
10의 반 : 5
8의 반 : 4
⇒ 5 + 4 = 9

해설 18에서 10을 반으로 나누면 5, 8을 반으로 나누면 4가 되므로 5+4=9입니다. 따라서 18÷2=9입니다.

2단계 ③ 규칙을 찾아서 계산하기 유형2

유형2: 4로 나누기

어떤 수를 4로 나눌 때 여러가지 방법으로 계산해 봅시다.

방법 ⓪ 세로셈으로 계산하기

$12 \div 4 = 3$

```
    3
4)1 2
  1 2
    0
```

방법 ② 반으로 계산하기

$12 \div 4 = 3$
10의 반 : 5
2의 반 : 1
⇒ 5 + 1 = 6
다시 반으로 나누기 :
⇒ 6 ÷ 2 = 3

◎ 계산해 보세요.

1. 24 ÷ 4

❶ 24 ÷ 4 = 6

```
    6
4)2 4
  2 4
    0
```
- 4×6=24
- 24-24=0

❷ 32 ÷ 4 = 8
30의 반 : 15
2의 반 : 1
⇒ 15 + 1 = 16
다시 반으로 나누기 :
⇒ 16 ÷ 2 = 8

해설 32에서 30을 반으로 나누면 15, 2를 반으로 나누면 1이 되므로 15+1=16입니다. 16을 반으로 나누면 8이 되므로 32÷4=8입니다.

2. 28 ÷ 4

❶ 28 ÷ 4 = 7

```
    7
4)2 8
  2 8
    0
```
- 4×7=28
- 28-28=0

❷ 28 ÷ 4 = 7
20의 반 : 10
8의 반 : 4
⇒ 10 + 4 = 14
다시 반으로 나누기 :
⇒ 14 ÷ 2 = 7

해설 28에서 20을 반으로 나누면 10, 8을 반으로 나누면 4가 되므로 10+4=14입니다. 14를 반으로 나누면 7이 되므로 28÷4=7입니다.

3. 36 ÷ 4

❶ 36 ÷ 4 = 9

```
    9
4)3 6
  3 6
    0
```
- 4×9=36
- 36-36=0

❷ 36 ÷ 4 = 9
30의 반 : 15
6의 반 : 3
⇒ 15 + 3 = 18
다시 반으로 나누기 :
⇒ 18 ÷ 2 = 9

해설 36에서 30을 반으로 나누면 15, 6을 반으로 나누면 3이 되므로 15+3=18입니다. 18을 반으로 나누면 9가 되므로 36÷4=9입니다.

2단계 ③ 규칙을 찾아서 계산하기 유형3

유형3: 5로 나누기

어떤 수를 5로 나눌 때 여러가지 방법으로 계산해 봅시다.

방법 ① 세로셈으로 계산하기

$20 \div 5 = 4$

```
    4
5 ) 2 0
    2 0
    ─────
      0
```

방법 ② 2배 이용하기

$20 \div 5 = 4$
20의 2배: $20 \times 2 = 40$
20의 2배에서 0 지우기: 4

◎ 계산해 보세요.

1. $25 \div 5$

❶ $25 \div 5 = 5$

```
      5
5 ) 2 5
    2 5  ← 5×5=25
    ───
      0  ← 25-25=0
```

❷ $25 \div 5 = 5$
20의 2배: $25 \times 2 = 50$
25의 2배에서 0 지우기: 5

해설: 25÷5에서 25와 5를 각각 2배해서 계산해도 값은 변하지 않습니다. 25의 2배는 50이고 5의 2배는 10입니다. 50÷10에서 10으로 나누려면 0을 지우면 됩니다. 따라서 5가 됩니다.

2. $40 \div 5$

❶ $40 \div 5 = 8$

```
      8
5 ) 4 0
    4 0  ← 5×8=40
    ───
      0  ← 40-40=0
```

❷ $40 \div 5 = 8$
40의 2배: $40 \times 2 = 80$
40의 2배에서 0 지우기: 8

해설: 40÷5에서 40과 5를 각각 2배해서 계산해도 값은 변하지 않습니다. 40의 2배는 80이고 5의 2배는 10입니다. 80÷10에서 10으로 나누려면 0을 지우면 됩니다. 따라서 8이 됩니다.

3. $45 \div 5$

❶ $45 \div 5 = 9$

```
      9
5 ) 4 5
    4 5  ← 5×9=45
    ───
      0  ← 45-45=0
```

❷ $45 \div 5 = 9$
45의 2배: $45 \times 2 = 90$
45의 2배에서 0 지우기: 9

해설: 45÷5에서 45와 5를 각각 2배해서 계산해도 값은 변하지 않습니다. 45의 2배는 90이고 5의 2배는 10입니다. 90÷10에서 10으로 나누려면 0을 지우면 됩니다. 따라서 9가 됩니다.

2단계 ③ 규칙을 찾아서 계산하기 유형4

유형4: 9로 나누기

어떤 수를 9로 나눌 때 여러가지 방법으로 계산해 봅시다.

방법 ① 세로셈으로 계산하기

$27 \div 9 = 3$

```
      3
9 ) 2 7
    2 7
    ───
      0
```

방법 ③ 베다수학 9 나누기

$27 \div 9 = 3$
① 27의 십의 자리 숫자: 2
② 27의 각 자리 숫자의 합: $2 + 7 = 9$
③ ②의 값을 9로 나누기: $9 \div 9 = 1$
④ ①, ③의 값 더하기: $2 + 1 = 3$

◎ 계산해 보세요.

1. $36 \div 9$

❶ $36 \div 9 = 4$

```
      4
9 ) 3 6
    3 6  ← 8×7=56
    ───
      0  ← 56-56=0
```

❷ $36 \div 9 = 4$
① 36의 십의 자리 숫자: 3
② 36의 각 자리 숫자의 합: $3 + 6 = 9$
③ ②의 값을 9로 나누기: $9 \div 9 = 1$
④ ①, ③의 값 더하기: $3 + 1 = 4$

해설: 36÷9에서 나누어지는 수의 십의 자리 숫자(3)와 각 자리의 숫자의 합을 9로 나눈 수(3+6=9, 9÷9=1)를 합하면 몫이 나옵니다. 따라서 3+1=4입니다.

2. $54 \div 9$

❶ $54 \div 9 = 6$

```
      6
9 ) 5 4
    5 4  ← 9×6=54
    ───
      0  ← 54-54=0
```

❷ $54 \div 9 = 6$
① 54의 십의 자리 숫자: 5
② 54의 각 자리 숫자의 합: $5 + 4 = 9$
③ ②의 값을 9로 나누기: $9 \div 9 = 1$
④ ①, ③의 값 더하기: $5 + 1 = 6$

해설: 54÷9에서 나누어지는 수의 십의 자리 숫자(5)와 각 자리의 숫자의 합을 9로 나눈 수(5+4=9, 9÷9=1)를 합하면 몫이 나옵니다. 따라서 5+1=6입니다.

3. $72 \div 9$

❶ $72 \div 9 = 8$

```
      8
9 ) 7 2
    7 2  ← 9×8=72
    ───
      0  ← 72-72=0
```

❷ $72 \div 9 = 8$
① 72의 십의 자리 숫자: 7
② 72의 각 자리 숫자의 합: $7 + 2 = 9$
③ ②의 값을 9로 나누기: $9 \div 9 = 1$
④ ①, ③의 값 더하기: $7 + 1 = 8$

해설: 72÷9에서 나누어지는 수의 십의 자리 숫자(7)와 각 자리의 숫자의 합을 9로 나눈 수(7+2=9, 9÷9=1)를 합하면 몫이 나옵니다. 따라서 7+1=8입니다.

Calculation Master

3 규칙을 찾아서 계산하기 — 3단계

◎ 계산해 보세요.

① 8 ÷ 2 = [4]
해설 8을 반으로 나누면 4가 됩니다.

② 10 ÷ 2 = [5]
해설 10을 반으로 나누면 5가 됩니다.

③ 14 ÷ 2 = [7]
해설 14에서 10을 반으로 나누면 5, 4를 반으로 나누면 2가 되므로 5+2=7입니다. 따라서 14÷2=7입니다.

④ 16 ÷ 2 = [8]
해설 16에서 10을 반으로 나누면 5, 6을 반으로 나누면 3이 되므로 5+3=8입니다. 따라서 16÷2=8입니다.

⑤ 18 ÷ 2 = [9]
해설 18에서 10을 반으로 나누면 5, 8을 반으로 나누면 4가 되므로 5+4=9입니다. 따라서 18÷2=9입니다.

⑥ 12 ÷ 2 = [6]
해설 12에서 10을 반으로 나누면 5, 2를 반으로 나누면 1이 되므로 5+1=6입니다. 따라서 12÷2=6입니다.

⑦ 12 ÷ 4 = [3]
```
    3
4)1 2
  1 2
    0
```

⑧ 16 ÷ 4 = [4]
```
    4
4)1 6
  1 6
    0
```

⑨ 24 ÷ 4 = [6]
```
    6
4)2 4
  2 4
    0
```

⑩ 32 ÷ 4 = [8]
해설 32에서 30을 반으로 나누면 15, 2를 반으로 나누면 1이 되므로 15+1=16입니다. 16을 반으로 나누면 8이 되므로 32÷4=8입니다.

⑪ 20 ÷ 4 = [5]
해설 20에서 20을 반으로 나누면 10입니다. 10을 반으로 나누면 5가 되므로 20÷4=5입니다.

⑫ 36 ÷ 4 = [9]
해설 36에서 30을 반으로 나누면 15, 6을 반으로 나누면 3이 되므로 15+3=18입니다. 18을 반으로 나누면 9가 되므로 36÷4=9입니다.

⑬ 15 ÷ 5 = [3]
해설 15에서 15와 5를 각각 2배해서 계산해도 값은 변하지 않습니다. 15의 2배는 30이고, 5의 2배는 10입니다. 30÷10으로 10으로 나누려면 0을 지우면 됩니다. 따라서 3이 됩니다.

⑭ 20 ÷ 5 = [4]
해설 20에서 20과 5를 각각 2배해서 계산해도 값은 변하지 않습니다. 20의 2배는 40이고, 5의 2배는 10입니다. 40÷10으로 10으로 나누려면 0을 지우면 됩니다. 따라서 4가 됩니다.

⑮ 35 ÷ 5 = [7]
해설 35에서 35와 5를 각각 2배해서 계산해도 값은 변하지 않습니다. 35의 2배는 70이고, 5의 2배는 10입니다. 70÷10으로 10으로 나누려면 0을 지우면 됩니다. 따라서 7이 됩니다.

⑯ 30 ÷ 5 = [6]
```
    6
5)3 0
  3 0
    0
```

⑰ 40 ÷ 5 = [8]
```
    8
5)4 0
  4 0
    0
```

⑱ 45 ÷ 5 = [9]
```
    9
5)4 5
  4 5
    0
```

⑲ 18 ÷ 9 = [2]
해설 18은 9로 나누어지는 수의 십의 자리 숫자(1)와 각 자리의 숫자의 합을 9로 나눈 수 (1+8=9, 9÷9=1)를 합하면 몫이 나옵니다. 따라서 1+1=2입니다.

⑳ 36 ÷ 9 = [4]
해설 36은 9로 나누어지는 수의 십의 자리 숫자(3)와 각 자리의 숫자의 합을 9로 나눈 수 (3+6=9, 9÷9=1)를 합하면 몫이 나옵니다. 따라서 3+1=4입니다.

㉑ 45 ÷ 9 = [5]
해설 45는 9로 나누어지는 수의 십의 자리 숫자(4)와 각 자리의 숫자의 합을 9로 나눈 수 (4+5=9, 9÷9=1)를 합하면 몫이 나옵니다. 따라서 4+1=5입니다.

㉒ 54 ÷ 9 = [6]
```
    6
9)5 4
  5 4
    0
```

㉓ 63 ÷ 9 = [7]
```
    7
9)6 3
  6 3
    0
```

㉔ 81 ÷ 9 = [9]
```
    9
9)8 1
  8 1
    0
```

---

4 나눗셈식에서 ■의 값 구하기

학습 목표

단계	학습 의도	구분	학습 주제	관련 교과
1단계	Basic Exercise ■가 있는 나눗셈식에서 ■를 구하는 여러 가지 방법을 배웁니다.	방법1	덧셈으로 계산하기	
		방법2	곱셈식으로 바꾸어 계산하기	
		방법3	몫과 바꾸어 계산하기	
2단계	One Problem Multi Solution 1단계에서 배운 여러 가지 방법을 토대로 ■가 있는 나눗셈식의 여러 가지 유형을 살펴봅니다.	유형1	÷ (몇)의 계산	(3-1) 3.나눗셈
		유형2	(몇십 몇) ÷ ■의 계산	(3-1) 3.나눗셈
3단계	Calculation Master 앞에서 학습한 내용을 자유롭게 적용해 계산합니다.			

Basic Exercise

4 나눗셈식에서 ■의 값 구하기 — 1단계

Q1 □ 안에 알맞은 수를 써넣으세요.

방법 ① 덧셈으로 계산하기

① 8 ÷ ■ = 4
■를 4번 더하면 8이 됩니다.
■ + ■ + ■ + ■ = 8
■ = [2]

② ■ ÷ 4 = 3
4를 3번 더하면 ■가 됩니다.
4 + 4 + 4 = [12]
■ = [12]

① 9 ÷ ■ = 3
■를 3번 더하면 9가 됩니다.
■ + ■ + ■ = 9
■ = [3]

③ ■ ÷ 2 = 7
2를 7번 더하면 ■가 됩니다.
2 + 2 + 2 + 2 + 2 + 2 + 2 = [14]
■ = [14]
해설 9÷■=3에서 ■를 3번 더하면 9가 나오는 ■를 찾으면 됩니다.
해설 ■÷2=7에서 2를 7번 더하면 ■가 나오므로 ■=14입니다.

② 15 ÷ ■ = 5
■를 5번 더하면 15가 됩니다.
■ + ■ + ■ + ■ + ■ = 15
■ = [3]

④ ■ ÷ 8 = 3
8을 3번 더하면 ■가 됩니다.
8 + 8 + 8 = [24]
■ = [24]
해설 15÷■=5에서 ■를 5번 더하면 15가 나오는 ■를 찾으면 됩니다.
해설 ■÷8=3에서 8을 3번 더하면 ■가 나오므로 ■=24가 됩니다.

Q2 □ 안에 알맞은 수를 써넣으세요.

방법 2 곱셈식으로 바꾸어 계산하기

① 24 ÷ ■ = 4
⇒ 4 × ■ = 24
■ = 6

② ■ ÷ 8 = 4
⇒ 8 × 4 = ■
■ = 32

① 28 ÷ ■ = 4
⇒ 4 × ■ = 28
■ = 7

해설) 28÷■=4를 곱셈식으로 바꾸면 4×■=28이 나오고 곱셈구구 4의 단을 생각하면 ■=7이 됩니다.

② 32 ÷ ■ = 8
⇒ 8 × ■ = 32
■ = 4

해설) 32÷■=8을 곱셈식으로 바꾸면 8×■=32가 나오고 곱셈구구 8의 단을 생각하면 ■=4가 됩니다.

③ 45 ÷ ■ = 9
⇒ 9 × ■ = 45
■ = 5

해설) 45÷■=9를 곱셈식으로 바꾸면 9×■=45가 나오고 곱셈구구 9의 단을 생각하면 ■=5가 됩니다.

④ ■ ÷ 8 = 3
⇒ 8 × 3 = ■
■ = 24

해설) ■÷8=3을 곱셈식으로 바꾸면 3×8=■이므로 ■=24가 됩니다.

⑤ ■ ÷ 4 = 5
⇒ 4 × 5 = ■
■ = 20

해설) ■÷4=5를 곱셈식으로 바꾸면 5×4=■이므로 ■=20이 됩니다.

⑥ ■ ÷ 6 = 6
⇒ 6 × 6 = ■
■ = 36

해설) ■÷6=6을 곱셈식으로 바꾸면 6×6=■이므로 ■=36이 됩니다.

Q3 □ 안에 알맞은 수를 써넣으세요.

방법 3 몫과 바꾸어서 계산하기

① 27 ÷ ■ = 3
⇒ 27 ÷ 3 = ■
■ = 9

② 28 ÷ ■ = 7
⇒ 28 ÷ 7 = ■
■ = 4

① 32 ÷ ■ = 4
⇒ 32 ÷ 4 = ■
■ = 8

해설) 32÷■=4는 32÷4=■로 바꿀 수 있습니다.

② 10 ÷ ■ = 2
⇒ 10 ÷ 2 = ■
■ = 5

해설) 10÷■=2는 10÷2=■로 바꿀 수 있습니다.

③ 14 ÷ ■ = 7
⇒ 14 ÷ 7 = ■
■ = 2

해설) 14÷■=7은 14÷7=■로 바꿀 수 있습니다.

④ 16 ÷ ■ = 4
⇒ 16 ÷ 4 = ■
■ = 4

해설) 16÷■=4는 16÷4=■로 바꿀 수 있습니다.

⑤ 24 ÷ ■ = 6
⇒ 24 ÷ 6 = ■
■ = 4

해설) 24÷■=6은 24÷6=■로 바꿀 수 있습니다.

⑥ 36 ÷ ■ = 6
⇒ 36 ÷ 6 = ■
■ = 6

해설) 36÷■=6은 36÷6=■로 바꿀 수 있습니다.

---

4 나눗셈식에서 ■의 값 구하기

One Problem Multi Solution 2단계

유형1 ■ ÷ (몇)의 계산

■ (몇)에서 여러 가지 방법으로 ■을 구해 봅시다.

◎ ■를 구해 보세요.

방법 1 덧셈으로 계산하기

■ ÷ 7 = 2
7을 2번 더하면 ■가 됩니다.
7 + 7 = 14
■ = 14

1. ■ ÷ 4 = 6

① ■ ÷ 4 = 6
4를 6 번 더하면 ■가 됩니다.
4 + 4 + 4 + 4 + 4 + 4 = 24
■ = 24

해설) ■÷4=6에서 4를 6번 더하면 ■가 나오므로 ■=24가 됩니다.

2. ■ ÷ 8 = 2

① ■ ÷ 8 = 2
8을 2 번 더하면 ■가 됩니다.
8 + 8 = 16
■ = 16

해설) ■÷8=2에서 8을 2번 더하면 ■가 나오므로 ■=16이 됩니다.

3. ■ ÷ 3 = 6

① ■ ÷ 3 = 6
3을 6 번 더하면 ■가 됩니다.
3 + 3 + 3 + 3 + 3 + 3 = 18
■ = 18

해설) ■÷3=6에서 3을 6번 더하면 ■가 나오므로 ■=18이 됩니다.

방법 2 곱셈식으로 바꾸어 계산하기

■ ÷ 7 = 2
⇒ 2 × 7 = ■
■ = 14

② ■ ÷ 4 = 6
⇒ 6 × 4 = ■
■ = 24

해설) ■÷4=6을 곱셈식으로 바꾸면 6×4=■이므로 ■=24가 됩니다.

② ■ ÷ 8 = 2
⇒ 2 × 8 = ■
■ = 16

해설) ■÷8=2을 곱셈식으로 바꾸면 2×8=■이므로 ■=16이 됩니다.

② ■ ÷ 3 = 6
⇒ 6 × 3 = ■
■ = 18

해설) ■÷3=6을 곱셈식으로 바꾸면 6×3=■이므로 ■=18이 됩니다.

205

2단계 ④ 나눗셈식에서 ■의 값 구하기 유형2

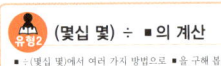

유형2 (몇십 몇) ÷ ■의 계산
■ ÷(몇십 몇)에서 여러 가지 방법으로 ■을 구해 봅시다.

방법 ❷ 곱셈식으로 바꾸어서 계산하기
25 ÷ ■ = 5
⇒ 5 × ■ = 25
■ = 5

방법 ❸ 몫과 바꾸어서 계산하기
25 ÷ ■ = 5
⇒ 25 ÷ 5 = ■
■ = 5

◎ ■를 구해 보세요.

1. 21 ÷ ■ = 3

❶ 21 ÷ ■ = 3
⇒ 3 × ■ = 21
■ = 7

해설 21÷■=3을 곱셈식으로 바꾸면 3×■=21이 나오고 곱셈구구 3의 단을 생각하면 ■=7이 됩니다.

❷ 21 ÷ ■ = 3
⇒ 21 ÷ 3 = ■
■ = 7

해설 21÷■=3는 21÷3=■로 바꿀 수 있습니다.

2. 35 ÷ ■ = 7

❶ 35 ÷ ■ = 7
⇒ 7 × ■ = 35
■ = 5

해설 35÷■=7을 곱셈식으로 바꾸면 7×■=35가 나오고 곱셈구구 7의 단을 생각하면 ■=5가 됩니다.

❷ 35 ÷ ■ = 7
⇒ 35 ÷ 7 = ■
■ = 5

해설 35÷■=7는 35÷7=■로 바꿀 수 있습니다.

3. 42 ÷ ■ = 6

❶ 42 ÷ ■ = 6
⇒ 6 × ■ = 42
■ = 7

해설 42÷■=6을 곱셈식으로 바꾸면 6×■=42가 나오고 곱셈구구 6의 단을 생각하면 ■=7이 됩니다.

❷ 42 ÷ ■ = 6
⇒ 42 ÷ 6 = ■
■ = 7

해설 42÷■=6는 42÷6=■로 바꿀 수 있습니다.

3단계 ④ 나눗셈식에서 ■의 값 구하기

Calculation Master

◎ 계산해 보세요.

❶ 8 ÷ ■ = 2
■ = 4
해설 8÷■=2에서 ■을 2번 더해서 8이 나오는 ■을 찾으면 ■=4가 됩니다.

❷ 12 ÷ ■ = 3
■ = 4
해설 12÷■=3에서 ■을 3번 더해서 12가 나오는 ■을 찾으면 됩니다.

❸ 16 ÷ ■ = 4
■ = 4
해설 16÷■=4에서 ■을 4번 더해서 16이 나오는 ■을 찾으면 됩니다.

❹ 18 ÷ ■ = 2
■ = 9
해설 18÷■=2을 곱셈식으로 바꾸면 2×■=18이 나오고 곱셈구구 2의 단을 생각하면 ■=9가 됩니다.

❺ 18 ÷ ■ = 6
■ = 3
해설 18÷■=6을 곱셈식으로 바꾸면 6×■=18이 나오고 곱셈구구 6의 단을 생각하면 ■=3이 됩니다.

❻ 21 ÷ ■ = 7
■ = 3
해설 21÷■=7을 곱셈식으로 바꾸면 7×■=21이 나오고 곱셈구구 7의 단을 생각하면 ■=3이 됩니다.

❼ ■ ÷ 3 = 9
■ = 27
해설 ■÷3=9를 곱셈식으로 바꾸면 9×3=■이 므로 ■=27이 됩니다.

❽ ■ ÷ 3 = 8
■ = 24
해설 ■÷3=8을 곱셈식으로 바꾸면 8×3=■이 므로 ■=24가 됩니다.

❾ ■ ÷ 2 = 9
■ = 18
해설 ■÷2=9를 곱셈식으로 바꾸면 9×2=■이 므로 ■=18이 됩니다.

❿ ■ ÷ 4 = 7
■ = 28
해설 ■÷4=7을 곱셈식으로 바꾸면 7×4=■이 므로 ■=28이 됩니다.

⓫ ■ ÷ 5 = 6
■ = 30
해설 ■÷5=6을 곱셈식으로 바꾸면 6×5=■이 므로 ■=30이 됩니다.

⓬ ■ ÷ 5 = 9
■ = 45
해설 ■÷5=9을 곱셈식으로 바꾸면 9×5=■이 므로 ■=45가 됩니다.

⓭ 24 ÷ ■ = 3
■ = 8
해설 24÷■=3은 24÷3=■로 바꿀 수 있습니다.

⓮ 36 ÷ ■ = 9
■ = 4
해설 36÷■=9는 36÷9=■로 바꿀 수 있습니다.

⓯ 42 ÷ ■ = 7
■ = 6
해설 42÷■=7은 42÷7=■로 바꿀 수 있습니다.

⓰ 45 ÷ ■ = 5
■ = 9
해설 45÷■=5는 45÷5=■로 바꿀 수 있습니다.

⓱ 56 ÷ ■ = 8
■ = 7
해설 56÷■=8은 56÷8=■로 바꿀 수 있습니다.

⓲ 54 ÷ ■ = 9
■ = 6
해설 54÷■=9는 54÷9=■로 바꿀 수 있습니다.

⓳ ■ ÷ 6 = 2
■ = 12
해설 ■÷6=2을 곱셈식으로 바꾸면 2×6=■이 므로 ■=12가 됩니다.

⓴ ■ ÷ 6 = 5
■ = 30
해설 ■÷6=5을 곱셈식으로 바꾸면 5×6=■이 므로 ■=30이 됩니다.

㉑ ■ ÷ 7 = 5
■ = 35
해설 ■÷7=5을 곱셈식으로 바꾸면 5×7=■이 므로 ■=35가 됩니다.

㉒ ■ ÷ 7 = 8
■ = 56
해설 ■÷7=8은 7을 8번 더하면 ■가 나오므로 ■=56이 됩니다.

㉓ ■ ÷ 8 = 6
■ = 48
해설 ■÷8=6은 8을 6번 더하면 ■가 나오므로 ■=48이 됩니다.

㉔ ■ ÷ 9 = 7
■ = 63
해설 ■÷9=7은 9를 7번 더하면 ■가 나오므로 ■=63이 됩니다.